황금률

조셉 머피 박사가 들려주는
6가지 부의 법칙

황금률

GOLDEN RULE

조셉 머피 · 시마즈 고이치 지음
은영미 옮김

나라원

프롤로그

행복한 부자로 이끌어주는 황금률

　미국의 한 빈민가에서 그야말로 비참한 인생을 보내는 한 남자가 있었다. 예전에 그는 가구 만드는 일에는 자타가 공인하는 장인(匠人)이면서 아름다운 아내와 사랑스러운 자식을 둔 가장으로 행복한 나날을 보내고 있었다. 그런데 어떤 사건을 계기로 그의 인생이 일순간에 산산조각이 나버렸다. 그의 삶은 파멸에 이르렀고 그는 모든 것을 잃었다. 이제 그에게는 범죄자가 되어 감옥에 가던가, 아니면 스스로 목숨을 끊든가 하는 선택만이 남게 되었다.
　'오늘은 정말 죽는 거야.'
　'내일은 정말 죽어야지.'
　걸식으로 연명하며 마을 여기저기를 어슬렁어슬렁 떠돌던 그의 뇌리에는 오로지 '자살'이라는 단어밖에 떠오르지 않았다. 그러다가 마침내 죽기로 결심한 그는 작은 약국으로 들어갔다.

'그래. 여기서 약을 사자. 그리고 아무것도 없는 허름한 내 아파트에서 죽는 거야. 그러면 이 지긋지긋한 세상과도 이제 작별이다. 정말 하루하루를 이렇게 살아가기란 너무 지긋지긋해. 빨리 이 무거운 삶의 짐을 훌훌 털어버려야지.'

그런데 약을 고르고 돈을 내려고 계산대로 간 그에게 문득 책 한 권이 눈에 들어왔다. 그는 자신도 모르게 그 책을 집어 들고 빠르게 몇 장을 넘겼다. 그때 우연히 이런 문장이 눈에 들어왔다.

'인간은 누구에게나 즐겁고 풍요로운 인생이 약속되어 있습니다. 당신의 인생은 언제라도 장밋빛으로 반짝일 겁니다.'

이 문구를 읽는 순간 그의 머릿속에는 어떤 생각이 떠올랐을까?

'과연, 듣고 보니 그렇군!' 하며 감탄했을까?

천만에! 그는 자신도 모르게 울컥 화가 치밀었다.

'정말 웃기는 소리를 하는군! 이거 순 거짓말이잖아! 이따위 말도 안 되는 소리를 아무렇지 않게 써놓다니, 제정신이야? 도대체 어떤 놈이야!'

그러나 그는 약값을 지불할 때 그 책도 샀다. 책을 읽고 보란 듯이 한마디 따끔하게 비판하는 편지를 저자에게 보내지 않고는 도저히 참을 수가 없었기 때문이다.

그는 얼굴이 화끈 달아오를 정도로 머리끝까지 화가 난 채 집으로 돌아왔다. 그리고 낡은 침대만 덩그러니 놓인 허름한 아파트에 벌러덩 누워 첫 장부터 책을 읽기 시작했다.

그런데 참으로 이상했다. 일단 죽기로 작정한 상태에서 앞으로의 모든 행동이 마지막이라고 생각하자 온몸의 신경이 곤두서며 책에 적힌 내용들이 빠짐없이 머릿속에 쏙쏙 들어왔다. 분명 저자를 헐뜯을 목적으로 읽기 시작했는데 어느새 책에 완전히 빠져들어 밤을 꼬박 새웠다. 창밖이 희미하게 밝아올 무렵에는 감격에 겨워하며 마지막 장을 읽었다.

그리고 그 책을 계기로 그는 다시 태어났다. 그는 자신을 그렇게 만든 세상과 사람들을 탓하며 불평불만만 늘어놓고 제대로 일해 볼 생각도 하지 않은 채 항상 술에 절어 살았다. 그런데 그가 완전히 달라졌다. 무엇보다 눈에 띄는 큰 변화는 전에 없이 밝아진 표정이었다. 도대체 무엇이 그에게 예전의 밝은 모습을 되찾아준 것일까?

그것은 바로 그에게 인생의 확고한 목표가 생겼기 때문이었다.

'아무 생각 말고 다시 시작해보자. 이제 포기하지 않겠어. 그리고 예전처럼 아내를, 집을, 그리고 아이를······.'

그것은 보통 사람들의 눈에는 그저 그런 목표였을지 모른다. 하지만 그는 책에 적힌 대로 오로지 그 목표만을 끊임없이 생각했다.

그렇게 몇 년이 흘렀다. 그는 자신의 목표를 완벽하게 달성했다.

인생에는 위대한 법칙이 작용하고 있다. 그것은 바로 '인생은 자신이 생각한 대로 이루어진다'는 것이다.

조셉 머피 박사는 그 법칙을 '황금률(Golden Rule)'이라 불렀다.

"사람의 마음에는 두 가지 영역이 존재합니다. 의식적인 영역과 잠재의식적인 영역, 즉 이성적인 영역과 비이성적인 영역이 그것입니다. 그런데 당신은 항상 의식하는 마음, 즉 의식적인 영역을 통해 생각합니다. 그리고 당신이 습관적으로 생각하는 일이란 무엇이든 당신의 잠재의식 속으로 가라앉고 마는데 이 잠재의식은 당신의 의지에 따라 새롭게 창조될 수 있습니다. 당신의 잠재의식은 당신의 감정이 차지하는 자리인 동시에 창조하는 마음이기도 합니다. 좋은 일을 생각하면 좋은 일이 생기고 나쁜 일을 생각하면 나쁜 일이 생깁니다. 이는 다름 아닌 당신의 마음이 일으키는 작용입니다."

이것은 어떻게 해석하고 받아들이는가에 따라 섬뜩할 정도로 무서운 법칙이라 할 수 있다.

이 법칙에 대해 시간을 두고 깊이 있게 생각해보기 바란다. 사물에 대한 인간의 생각이란 그냥 내버려두면 자연스럽게 부정적인 방향으로 기운다. 앞서 예로 든 자살을 결심한 부랑자도 책 한 권을 만나기 전에는 부정적인 사고로 똘똘 뭉친 사람이었다.

그런데 사회에서 낙오한 사람만이 부정적인 사고방식에 빠지는 것은 아니다. 나도 당신도 여차하면 부정적인 생각을 쉽게 떠올린다. 또 그런 생각은 당신이 원치 않아도 이루어진다. 세상에는 마냥 행복하기만 한 사람보다 불평불만을 표출하면서 마지못해 살아가는 사람이 더 많다. 그것은 어찌 보면 당연한 일인지 모른다.

우리는 누구나 '풍요롭게 살고 싶다', '사랑하는 사람과 함께 살고 싶다', '친구들과 즐거운 시간을 보내고 싶다', '좋은 직장에서 일하고 싶다', '사회에서 인정받고 싶다', '건강하게 살고 싶다'고 바란다. 하지만 실제로는 마치 그것들을 바라지도 않는다는 듯이 생각하고 행동한다.

"내가 마냥 좋은 일만 생기길 바란다고 해서 이뤄지는 건 아냐. 그럴 리가 없지. 결국 최악의 결과에 맞닥뜨리고 크게 실망하느니 처음부터 몸을 사리고, 최악의 상황을 예상하고 계획대로 되지 않을 때를 대비해 준비해 놓는 게 최선책이야."

이런 생각을 하는 사람이 결코 적지 않다. 어떤 조사에 따르면 열 명 가운데 아홉 명은 소망을 가지고 있으면서 동시에 '내가 원하는 대로는 되지 않을 것'이라고 생각한다. 따라서 불행하게도 그들은 결국 자신이 원하는 소망을 이루지 못한다.

그렇다면 반대로 생각을 좀 바꿔보면 어떨까? '내 소망은 반드시 실현된다'고 생각하는 것이다. 당신의 목표를 정하고 그 목표를 이루겠다는 결심을 했다면 당신 자신을 끝까지 믿고 긍정적으로 행동하면 된다.

우리 인생을 지배하는 법칙인 황금률은 좀 더 포괄적으로 본다면 우리를 둘러싼 대자연, 나아가 드넓은 대우주의 법칙이라고 해도 무방하다.

머피 박사에 따르면 그것은 인류가 고대부터 '신(神)'이라는 이름으로 표현하면서 공경하고 두려워한 대상이기도 하다. 또한 그것은 다른 말로 흔히 잠재의식이라고도 불린다. 이 위대한 힘에는 일정한 법칙이 있다.

이 책에서는 황금률의 본질과 그 활용법에 대한 머피 박사의 이론을 좀 더 알기 쉽게 설명하였다. 그중에서도 특히 부의 황금률을 중심으로 생전의 머피 박사에게 배운 많은 이론과 내 자신이 직접 경험하고 생각한 사실들을 접목시켜 이 책을 정리했다. 그러므로 잠시 세상의 모든 상식과 고정관념을 훌훌 떨쳐버리고 자유로운 마음으로 대우주의 법칙인 황금률을 잘 활용하여 목표를 이루면서 행복한 오늘을 살고 풍요로운 미래를 창조하길 바란다.

시마즈 고이치

차례

Prologue 행복한 부자로 이끌어주는 황금률　　　　　　　　4

Part 01 | 인생을 풍요롭게 산다
인생의 황금률

01 인생은 생각한 대로 이루어진다　　　　　　　　16
02 황금률은 옳고 그름을 구별하지 않는다　　　　　18
03 황금률로 인생이 달라진다　　　　　　　　　　21
04 기적은 정말 일어난다　　　　　　　　　　　　24
05 삶의 기적은 어디에서 올까?　　　　　　　　　27
06 잠재의식과 잠재능력의 관계　　　　　　　　　29
07 잠재의식의 힘　　　　　　　　　　　　　　　33
08 위인들의 잠재능력 활용법　　　　　　　　　　35
09 확고한 목표를 설정한다　　　　　　　　　　　37
10 구체적인 이미지로 상상한다　　　　　　　　　39
11 계속해서 생각한다　　　　　　　　　　　　　41
12 실현될 것을 굳게 믿는다　　　　　　　　　　44
13 반드시 행동으로 옮긴다　　　　　　　　　　　46
14 불평불만은 부메랑이 되어 돌아온다　　　　　　49

15 증오심은 어떤 화를 부를까? 52
16 긍정적 사고가 중요한 이유 55
17 절망적일 때도 긍정적 사고가 필요할까? 57
18 행운은 정말 존재할까? 60
19 행운을 불러들이는 방법 62

Part 02 | 성공자의 대열에 선다
성공의 황금률

01 성공한 이들은 과연 어떤 사람들일까? 66
02 성공한 사람들의 공통적인 요소 68
03 성공에 필요한 재능 71
04 위인들이 생각하는 재능 73
05 욕망 없이 성취란 있을 수 없다 76
06 실패란 성공을 향하는 첫걸음이다 79
07 사서 고생하지 않아도 성공할 수 있다 81
08 밝고 긍정적인 사람이 성공한다 83
09 현재의 마음이 미래를 만든다 86
10 상상 없이는 창조도 없다 88
11 상상을 가로막는 경험과 지식 90
12 성공과 실패는 마음속에서 결정된다 93
13 자신에게 솔직해질 때 성공할 수 있다 96
14 가난해도 부자의 줄에 서야 하는 이유 99
15 자신을 변화시키는 기술 102

Part 03 | 행복한 부자가 된다
부의 황금률

01 부는 자기 안에 있다 … 106
02 누구나 부자가 될 권리가 있다 … 108
03 가난은 일종의 병이다 … 110
04 부도 좋아하는 사람에게만 다가온다 … 112
05 슬럼프를 이겨낸 영업사원과 변호사 … 115
06 부자에게 부가 더 쌓이는 이유 … 118
07 가장 '미개발된 곳은 인간의 마음'이다 … 121
08 성공의 자동장치를 작동시켜라 … 124
09 좌절과 실패의 원인 … 127
10 세상을 내 편으로 만드는 자석 … 129
11 부는 기다릴 줄 아는 여유가 필요하다 … 131
12 성공에 있어 마음의 평정이 중요한 이유 … 134
13 인생 전반에 미치는 '증대의 법칙' … 136
14 베풀 줄 아는 사람이 더 부자가 되는 이유 … 138

Part 04 | 이성의 마음을 사로잡는다
사랑의 황금률

01 어떻게 하면 애인이 생길까 … 142
02 과거에 집착하지 마라 … 144
03 사랑과 두려움은 공존할 수 없다 … 148
04 실연의 아픔을 달래는 법 … 150

05 여성이 원하는 남성상 152
06 남성이 원하는 여성상 154
07 자신감이 그 사람을 매력적으로 만든다 157
08 한번의 기회로 대통령 부인이 된 엘리노어 159
09 나 자신만이 열등감을 극복할 수 있다 162
10 열등감을 극복하는 방법 164
11 일흔다섯 살에 남자 친구를 사귄 부인 166
12 잠재의식은 세상을 내 편으로 만들 수 있다 168
13 자신에게 어울리는 이성을 찾는 법 170
14 사랑에 실패하지 않는 비결 172

Part 05 | 화목한 가정을 이룬다
가정의 황금률

01 부부 사이의 황금률 176
02 서로 다른 환경에서 성장한 부부 179
03 부부 사이가 위기에 직면했을 때 183
04 부부 사이에 대화는 필수적이다 186
05 상대방을 내 틀에 맞추려 해서는 안 된다 189
06 가정을 파괴하는 나쁜 습관을 없애는 법 192
07 가정폭력에 대한 대처법 195
08 이혼을 피하는 방법 199
09 낭비벽이 심한 아내 201
10 자녀의 가장 훌륭한 스승은 부모 204
11 자녀교육의 황금률 207
12 고부간의 갈등을 해소하는 방법 211

Part 06 | 더 오래 건강하게 산다
건강의 황금률

01 사람은 누구나 자연치유력을 가지고 있다　　216
02 위독한 상태에서 건강을 되찾은 청년　　218
03 자연치유력이란 무엇인가　　221
04 아버지와 똑같은 병에 걸리는 것이 두려웠던 청년　　224
05 병을 극복하기 위한 세 가지 과정　　227
06 진정한 의미의 건강　　229
07 자기 암시가 건강에도 효과적이다　　232
08 자기 암시의 기술　　235
09 자기 암시는 양날의 검이다　　238
10 자기 암시로 건강과 자신감을 회복한 실례　　241
11 자기 암시가 부정적으로 작용한 실례　　244
12 스트레스를 해결하는 방법　　246
13 정신적인 영양소란 무엇인가　　250
14 부도 건강도 마음의 평안에 달려 있다　　252
15 잠재의식을 왕성하게 움직이는 방법　　254
16 잠재의식을 활용하는 여섯 가지 법칙　　256

Part 01.
인생을 풍요롭게 산다

인생의 황금률

01_
인생은 생각한 대로 이루어진다

'인생은 자신이 생각한 대로 이루어진다.'

이것이 바로 머피 박사가 말하는 황금률이다. 황금률은 끝없이 넓고 무한한 대우주의 법칙이다. 우리에게 마음이 존재하듯 황금률도 눈에 보이지 않지만 우리 안에 존재한다.

인간은 태어나면서부터 누구나 잠재의식과 잠재능력을 지니고 태어났다. 그런데 보통은 이런 능력이 자신 안에 존재한다는 사실을 믿으려 하지 않는다. 하지만 믿음이 있는 사람은 잠재의식이 존재한다는 사실을 믿음으로써 인생의 무한한 가능성과 놀라운 기적을 경험하기도 한다.

옛날부터 뛰어난 능력을 가진 사람 중에는 잠재의식의 위대한 힘을 믿는 사람이 있었다. 그래서 어느 시대든 그 시대를 대표하는 천재나 위인은 자신의 잠재능력을 인식하고 충분히 활용했다는 사실을 엿볼 수 있다.

나폴레옹이나 뉴턴, 아인슈타인과 같은 위인이 세계사에 위대한 발자취를 남길 수 있었던 것도 잠재의식의 힘 때문이었다. 그들은 자기 안에 잠재된 능력을 깨닫고 황금률에 부합하는 사고방식과 행동을 취했기에 훌륭한 업적을 남길 수 있었다.

중요한 사실은 위인들뿐만 아니라 누구나 잠재능력을 지니고 있다는 것이다. 이 책을 읽고 있는 당신도 똑같은 능력이 잠재되어 있다. 만약 당신도 황금률을 믿는다면 충분히 잠재능력의 힘을 발휘할 수 있다. 황금률만 믿어도 당신은 현재의 삶보다 훨씬 더 풍요롭고 성공적인 삶을 살아갈 수 있다.

잠재능력은 이미 과학적으로도 입증되었으며 인간에게 그러한 능력이 있다는 사실은 더 이상 의심할 여지가 없게 되었다. 이제는 누구나 그것을 활용하는 일만 남았다.

<u>인생은 자신이 생각하고 그린 대로 이루어진다.</u>
<u>따라서 부와 사랑, 가정과 건강도 자신의 생각대로 이루어진다.</u>

02_
황금률은 옳고 그름을 구별하지 않는다

이런 말을 하는 사람을 흔히 볼 수 있다.

"난 성실하게 살려고 노력하는데도 도무지 운이 안 따라줘. 그런데 아무렇지 않게 나쁜 짓을 해대는데도 억세게 운 좋은 녀석들이 있단 말이야. 이 세상은 너무 불공평해!"

물론 인간으로서 올바르게 살아야 한다는 것은 맞는 말이다. 그렇다고 인간 사회의 규범이 자연 세계의 규범과 반드시 일치하는 것은 아니다. 따라서 자연계의 법칙인 황금률을 두고 인간적인 판단으로 옳고 그름과 좋고 나쁨을 따지는 것은 의미가 없다.

대우주의 법칙은 사람을 차별하지 않는다. 아무리 나쁜 사람이라도 그 머리 위에 태양이 비치는 것처럼, 혹은 성자든 살인자든 모두 공평하게 공기를 마시는 것과 같이 모든 사람에게 적용된다.

언젠가 머피 박사에게 한 부인이 찾아왔다.

그녀는 하나님을 믿고 이웃과 가족을 사랑하는 그야말로 성서에 나오는 믿음이 강한 사람처럼 충실한 종교생활을 해왔다. 하지만 그녀의 눈에 비친 현실은 정직하고 성실한 사람은 불행해지고 거짓을 일삼고 게으르며 꾀를 잘 부리는 사람이 오히려 행복해지는 모습이었다. 그녀는 자신의 삶이 갑자기 불안해졌다. 자신이 정말 잘 살고 있는지 의문이 든 것이다.

그녀의 이야기를 곰곰이 들은 박사가 다음과 같이 대답했다.

"잠재의식에서 비롯된 황금률은 불변의 법칙이자 진리입니다. 당신은 진리와 토론을 벌일 수 있습니까? 그럴 수는 없습니다. 당신이 느끼는 의문은 어떤 가치관 아래서는 그럴 듯하지만 그건 어디까지나 상대적입니다. 과거에 미국에서는 노예를 소유하는 일이 합법적이지 않았습니까? 상대적 가치관은 시대와 함께 변하기 마련입니다. 절대적 진리는 결코 변하지 않을 뿐만 아니라 그것이 옳은지 그른지 혹은 선한지 악한지를 인간적인 차원에서 판단할 수 있는 문제가 아니랍니다. 그것은 낮 동안 태양이 내리쬐고 달이 밤의 세계를 비추는 역할에 불평하는 일과 같습니다."

따라서 그 사람이 좋은 사람이든 아니든 그 사람에게 그 일이 정말 바람직한 것이든 아니든 모든 것은 그 사람이 머릿속으로 생각하고 그리는 대로 이루어진다.

<u>좋은 일을 생각하면 좋은 일이 일어나고,</u>
<u>나쁜 일을 생각하면 나쁜 일이 일어난다.</u>

03_
황금률로 인생이 달라진다

그럼 어떻게 황금률로 자신의 인생을 바꿀 수 있을까?

당신이 부자가 되고 싶거나 성공하고 싶다면 반드시 확고한 신념을 가져야 한다. 신념은 종교가나 정치가의 전유물이 아니다. '인생은 자신이 생각한 대로 이루어진다'는 영원불멸의 법칙인 황금률을 끝까지 믿고 따르면 된다.

신념은 때때로 사람들을 놀라게 할 정도로 큰 저력을 가지고 있다. 이는 신념이 당신의 사고방식이나 기분, 감성, 이성 그 외에도 온갖 마음의 움직임에 작용하여 한 번 굳게 세워지면 여간해서는 무너지지 않는다. 그러나 초기에 의심의 눈으로 사물을 바라보게 되면 신념을 확립하기가 무척 어려워진다.

특히 지식이 많은 사람일수록 신념이나 잠재의식에 대해 회의적인 사고나 태도를 취하기 쉽다. 그 이유는 넓은 자연계의 법칙을 이해하지 못하거나 인식하지 못하고 자신이 경험한 사고의 범주 안에서 판단하려 하기 때문이다.

인류의 역사에서 눈부신 한 페이지를 장식한 위대한 발명과 발견이 어떻게 이루어졌는지를 상기해보자. 위대한 발명과 발견은 거의 모두가 이성과는 관계없는 열정, 몽상에 근거한 확고한 신념의 산물이었다. 비과학적이라고 해도 좋을 인간의 신념이 잠재의식과 만나 과학을 발전시킨 커다란 힘이 되었다 해도 과언이 아닐 것이다.

우리의 일상생활을 살펴보면 확고한 신념이나 잠재의식을 필요로 하는 장면은 그다지 많이 연출되지 않는다. 그래서 우리는 흔히 신념이나 잠재의식과 같은 것들은 아주 특별한 사람이 특별한 때 발휘한다고 생각하기 쉽다. 하지만 그렇지 않다.

아침에 식사를 하거나, 역까지 걸어가거나, 전철을 타는 이러한 일상적인 행동에 익숙해질수록 신념이나 잠재의식과는 거리가 멀어진다.

하지만 사람은 누구나 어떤 신념을 가지고 있다. 이를 부정하는 사람이 있을지 모르겠다. 하지만 예로 회의주의자는 의심을 통해 진리에 도달하려는 신념이 있다. 불행에 처한 사람은 자신이 불행해질 것이라는 신념을 가지고 있듯이 말이다.

'나는 어느 특정한 신념 따위에 얽매이고 싶지 않다'고 생각하는 사람은 그러한 생각이 바로 신념이다. 문제는 그 사람의 신념이 황금률에 근거했느냐 그렇지 않았느냐 하는 것이 매우 중요하다.

머피 박사는 이렇게 말한다.

"자신이 자주 병에 걸린다거나 늘 실패한다거나 불행하게 태어났다는 등의 신념을 가진 사람도 있습니다. 문제는 신념이 긍정적인지 아니면 부정적인지에 달려 있습니다. 만약 당신이 자신의 신념을 적극적이며 긍정적이고 건설적인 방향으로 사용한다면 어려운 문제도 전부 해결되고 새로운 길이 열리겠지요."

황금률을 자신의 것으로 만들려면 먼저 그것을 긍정적으로 믿는 일이 무엇보다 중요하다. 잘못된 관념 혹은 가치관을 믿는다면 당신의 잠재의식은 그것으로 좌지우지되고 결국에는 그릇된 길로 빠져 헤어나지 못할 것이다. 그뿐만이 아니다. 그 사람은 계속해서 잘못된 길을 걸어야 할지도 모른다.

<u>부정적인 신념은 부정적인 결과를,
긍정적인 신념은 긍정적인 결과를 가져온다.</u>

04_
기적은 정말 일어난다

우리는 가끔씩 상식으로는 도저히 믿을 수 없는 사건을 접할 때 그것을 기적이라 부른다. 또한 기적을 자신의 익숙한 일상과는 동떨어진 아주 딴 세상에서나 있을 법한 예외 현상으로 간주하려 한다. 하지만 예외로만 보기에는 너무나도 많다고 할 정도로 기적 같은 현상은 빈번하게 일어난다. 예를 들면 다음과 같다.

'자신이 표를 끊은 비행기가 공중 납치되는 꿈을 꾼 뒤 탑승을 뒤로 미루었는데 정말로 그 비행기가 공중 납치되어 불행을 피한 여성'

'한 번도 만나본 적 없는 미래의 남편에 대한 꿈을 꾸고 그

로부터 2개월 뒤에 그 꿈속의 남성과 알게 되어 결혼한 여성'

'가스 누출을 눈치 채지 못하고 그대로 잠든 부인 앞에 죽은 남편이 나타나 가스 밸브를 잠그라고 말한 덕분에 목숨을 건진 미망인'

'평상시에는 핸드백조차 무겁게 느껴질 만큼 기력이 없었는데 화재가 나자 이층에서 장롱을 혼자 짊어지고 내려왔다는 주부'

'중풍으로 쓰러져 자리에서 일어나지도 못하던 환자였는데 강도가 권총으로 위협하자 걷기 시작했다는 중년 남성'

'꿈속에서 자신의 숨겨진 재능을 발견한 뒤 그 재능을 살려 직업을 바꾸고 부를 얻은 교사'

문제는 이러한 능력을 발휘하는 사람이 있는가 하면 그렇지 못한 사람이 있다. 물론 전자와 같은 사례는 세상에 얼마든지 있다 그러나 사람들은 그것을 우연이고 착각이라고 말한다. 또한 그러한 뉴스를 진심으로 믿는 사람을 두고 제정신이 아니라고 말하는 사람도 있다. 그런데 이러한 기적은 황금률, 즉 우주를 지배하는 법칙에 비추어볼 때 기적도 그 무엇도 아니다.

달리 말하면 우주 공간에서 일어나는 일들은 거의 다 기적이라고 말해도 좋다. 물론 이 사실은 과학이 밝혀낸 인간의 생명활동만 보더라도 알 수 있듯이 유전자 공학을 통해 밝혀진 인체의 신비, 생명 활동의 신비는 그 하나하나가 모두 기적이라고 할 수 있다. 그런데 인간이 이성이라는 좁은 범위 안에서 이해할 수 없다고 해서 '있을 수 없다'고 쉽게 무시하고 만다면 이는 교만이라고밖에 달리 표현할 말이 없다.

<u>우주 공간에서 일어나는 일들은 거의 다 기적이다.</u>

05_
삶의 기적은 어디에서 올까?

　예전 같으면 기적이라 불릴만한 사실도 이제는 학문이란 잣대로 연구하는 대상이 되었다. 하지만 지금까지 오랫동안 기적은 종교 영역에서만 논하는 대상이었기에 지식인들이 두 팔을 걷어붙이고 연구하기에는 다소 거부감을 느낀 것도 사실이다. 하지만 지금 그러한 현상들은 현대 과학에서 하나의 큰 주제가 되고 있다.
　그 예로 미국에 있는 듀크 대학의 초심리학 연구소에서는 인간의 초능력 현상, 투시, 텔레파시에 관한 실험도 했다. 그리고 미국이나 러시아 등의 군사 대국에서는 초능력을 군사적인 목적으로 사용할 방법을 필사적으로 연구했다.
　기적이라는 말은 초능력이라는 말로 바꿔도 좋다. 머피 박사는 초능력에 대해 다음과 같이 말한다.

"초능력이란 당신의 정신 혹은 영혼 즉 잠재의식과의 교신입니다. 믿고 염원하면 잠재의식은 반드시 해답을 줄 것입니다."

머피 박사의 말에 따르면 초능력은 잠재의식을 원천으로 한다. 따라서 어떤 사람이라도 잠재의식이 있으면 그로 말미암아 발현되는 잠재능력이 있기에 누구든지 본질적으로는 초능력자다.

단지 대부분의 사람들이 이를 자각하지 못하고 있을 뿐이다. 마치 막대한 유산을 상속받을 신분임을 알지 못하는 어린아이와 같다. 하지만 아이가 어른이 되어 유산을 상속받으면 틀림없이 경제적으로 커다란 힘을 발휘할 것이다. 마찬가지로 당신도 일단 잠재능력이라는 존재에 눈뜨고 이를 제대로 활용한다면 기적 같은 힘을 발휘할 수 있을 것이다.

<u>초능력이란 잠재의식과의 교신이다.</u>
<u>믿고 염원하면 잠재의식은 반드시 해답을 준다.</u>

06_
잠재의식과 잠재능력의 관계

    잠재의식과 잠재능력의 관계를 이야기하기 전에 먼저 잠재의식과 현재의식(顯在意識)부터 설명해야겠다.

    인간의 의식은 '현재의식'과 '잠재의식'으로 나뉜다.

    인간의 의지가 작용하는 의식 가능한 부분이 현재의식이라면, 잠재의식은 인간 자신의 내부에 존재하지만 자기 자신도 인식할 수 없는 잠재된 부분이다. 잠재의식은 의식의 내부에 깊숙이 숨겨진 무한한 능력이다.

    잠재의식과 현재의식의 관계를 빙산에 비유하기도 한다.

    모두가 잘 알듯이 빙산은 수면 밑으로 보이지 않는 부분이 훨씬 더 크다. 수면 위로 얼굴을 내민 부분은 말 그대로 빙산의 일각에 지나지 않는다.

현재의식은 수면 위로 드러난 일부분일 뿐이다. 그곳은 또한 이성의 자리이기도 하다. 우리는 지식을 습득하고 어떤 현상을 판단하며 사회에서 올바른 생활을 하려면 현재의식을 의지해야 한다.

한편 잠재의식은 수면 밑에 감추어진 거대한 부분이다. 그것은 본능을 의미한다. 그렇지만 아직 잘 길들여지지 않는 본능, 즉 잠재의식이 이끄는 대로 살아간다면 사회에서 문제를 일으키고 낙오될 염려가 있다. 그래서 사회인의 한 사람으로서 제몫을 다하려면 이성적 판단이 필요하기에 이때는 현재의식의 도움을 받아야 한다.

그렇다면 현재의식과 잠재의식의 비율은 어느 정도가 좋을까?

머피 박사는 1대 9 정도로 생각하면 좋다고 한다. 우리는 흔히 의식이라고 하면 자신이 자각하는 것, 즉 현재의식만이 의식의 전부라고 생각하기 쉬운데 그것은 그저 10퍼센트에 지나지 않는다. 우리에게는 분명 잠재의식이 있으며, 그것은 우리의 의식에서 90퍼센트나 차지한다. 따라서 우리가 잠재의식이라는 존재를 알지 못한 채 어떤 판단을 내렸다면 그것은 의식 전체를 따져볼 때 극히 작은 의식을 따랐을 뿐이다.

예를 들어 딸이 있는 집안에 혼담이 들어왔다고 가정하자. 상대방은 일류 대학을 나온 자산가의 아들로 건강하고 머리도 좋다. 키도 훤칠하고 얼굴도 아주 잘 생긴 데다 성격도 밝고 운동을 좋아하는 건강한 남자다. 또한 일류 기업에 근무하고 있어 장래도 촉망된다. 게다가 지금 그 딸에게 홀딱 반한 상태다.

이렇게 좋은 조건이라면 딸 가진 부모 중에 어느 누가 결혼을 반대하겠는가? 그런데 정작 딸은 미지근한 반응을 보인다. '왠지 모르지만 아무튼 마음이 내키지 않는다'며 버틴다. 이러한 상황에서의 판단이란 이미 이성적인 영역을 넘고 있다.

실은 당사자인 딸은 겉으로 드러나지 않은 이 청년의 성격 결함을 피부로 느꼈다. 그래서 만약 결혼을 한다면 매우 불행해질 수도 있다고 생각했다. 주위 사람들은 세속적이고 사회적인 관점으로 판단을 내렸지만 오직 한 사람 당사자만이 본능으로 자신에게 닥칠 불행의 그림자를 꿰뚫어 본 것이다. 다시 말해 딸의 부모는 세속적이며 사회적인 판단이라는 빙산의 일각, 즉 이성의 영역에서 판단한 것이다. 그리고 딸이 본능으로 내린 판단은 잠재의식에 따른 것이다. 이것이 잠재의식의 기능 중 하나다.

오로지 이성에만 의존해서는 절대로 읽어낼 수 없는 인간의 기질이나 성격이 있다. 이를 판단하기에 이성과 상식으로 판단한 대처법은 아무래도 한계가 있다. 반면 잠재의식은 평소에는 느끼지 못하지만 여차할 때 마음 깊은 곳에서 현재의식에 정신적인 신호(Mental Signal)를 보내주는 역할을 한다.

현재의식과 잠재의식은 하나가 되어 우리의 사고방식이나 행동에 어떤 식으로든 영향을 끼친다. 우리는 금방 자각하는 의식뿐만 아니라 마음 깊은 곳에 존재하는 의식에도 귀를 기울여야 한다. 우리 주변에 흔히 '저 사람은 직감이 매우 뛰어나다'라고 평가를 받는 사람이 있다. 그는 분명히 잠재의식이 보내는 신호에 귀를 기울이는 사람이다.

<u>당신의 마음 깊은 곳에 존재하는 의식은
당신을 위험으로부터 보호한다.
잠재의식이 보내는 신호에 귀 기울여라.</u>

07_
잠재의식의 힘

어느 날 성적이 오르지 않아 고민하던 한 학생이 머피 박사를 찾아와 상담을 청했다.

"아무리 열심히 공부해도 성적이 안 올라요. 전 틀림없이 대입시험에 떨어지고 말 거예요. 무슨 좋은 방법이 없을까요?"

학생에게 이런저런 질문을 한 박사는 그 아이가 형제들 중에 자신이 제일 머리가 나쁘다고 생각한다는 사실을 알게 되었다.

"정말이에요. 부모님도 저도 그렇게 생각하는걸요?"

머피 박사는 먼저 형제와 비교하는 생각을 그만두게 했다.

"사람이란 저마다 다른 재능이 있지. 똑같은 사람이란 있을 수 없단다. 그러니까 비교하는 것 자체가 무의미한 거란다."

그리고 박사는 잠재의식을 활용하는 매우 단순하면서 실용적인 방법을 알려주었다. 그 학생은 얼마 지나지 않아서 열등감을 극복하게 되었고 성적도 순식간에 껑충 뛰어올랐다. 그리고 본인이 희망하는 대학에 입학했다.

머피 박사가 이 학생에게 알려준 방법이란 다음과 같다.

'나는 타인의 재능을 부러워하지 않는다. 나 역시도 위대한 힘과 무한한 지혜를 물려받았기 때문이다. 내 잠재의식은 모든 것을 알고 있어서 시험 때는 항상 해답을 알려준다. 내가 시험에서 떨어지는 일이란 결코 없다.'

이 문구를 밤마다 잠자리에 들기 전에 복창하며 자신의 성적이 올라 시험에서 합격했을 때의 광경을 선명하게 상상해 보았던 것이다.

우리 주변에는 실제로 부정적인 상상부터 하는 사람이 참으로 많다. 시험에서 떨어지거나 실패하는 자기 모습을 먼저 상상하는 것이다.

잠재의식을 믿고 제대로 활용하기만 한다면 우리가 바라는 일 대부분을 실현시켜줄 정도로 강렬한 힘이 있다.

<u>부정적인 상상은 부정적인 결과를
긍정적인 상상은 긍정적인 결과를 가져온다.</u>

08_
위인들의 잠재능력 활용법

잠재능력이란 잠재의식이 가져다준 위대한 힘이다. 이 능력은 누구에게나 있다. 예외인 사람은 아무도 없다. 그럼에도 사람들이 재능이나 그 외에 다른 여러 능력에서 차이를 보이는 이유는 내면에 잠들어 있는 위대한 힘을 이끌어 내는 사람이 있고 그렇지 못한 사람이 있을 뿐이다.

그렇다면 잠재능력의 힘을 이끌어내려면 어떻게 해야 할까?

다음의 다섯 가지 조건이 필요하다.

첫째, 목표를 확고히 설정할 것(Target)

둘째, 구체적인 이미지로 상상할 것(Image)

셋째, 계속해서 생각할 것(Think)

넷째, 실현되리라 믿을 것(Believe)

다섯째, 행동으로 옮길 것(Do)

   이 다섯 가지 조건 가운데 어느 한 가지라도 빠지면 잠재능력은 제대로 작동하지 않는다. 이 다섯 가지가 갖추어졌을 때 비로소 잠재능력은 그 위대한 힘을 발휘하기 시작한다.

   자, 그렇다면 이 다섯 가지 조건에 관해 좀 더 자세히 알아보기로 하자.

<u>노력하지 않는 천재보다도 노력하는 둔재가 큰일을 해낸다.</u>

– 존 아베브리

09_
확고한 목표를 설정한다

잠재의식을 제대로 발휘하려면 반드시 명확한 목표가 있어야 한다. 목표가 없는 인생은 여기저기 흔들리며 정박할 목적지도 없이 큰 바다를 표류하는 한 척의 배와 같다. 확고한 목표가 없는 사람은 인생의 큰 길로 나아갈 수 없다.

머피 박사는 인생을 획기적으로 바꾸고 싶다면 먼저 가슴 뛰는 인생의 목표를 가질 것을 권한다.

목표는 어둠 속에서 당신과 함께 하는 등불과 같다. 아무리 어둡고 험준한 산길이라도 앞길을 비추어 주는 등불이 있다면 큰 어려움이 없이 목표를 향해 앞으로 나아갈 수 있다. 그러나 애석하게도 누구나 명확한 목적지가 있는 것처럼 보이지만 많은 이들이 명확한 목적지 없이 길을 가고 있다. 다시 한 번 강조하지만, 명확하고 투명한 목표를 설정하는 것이 무엇보다 중요하다.

<u>목표가 없는 인생은</u>
<u>목적지 없이 바다를 떠도는 배와 같다.</u>

10_
구체적인 이미지로 상상한다

그렇다면 자신이 바라는 일들을 구체적으로 마음속에 그린다는 것은 무엇일까? 그것은 자신의 꿈을 구체적인 이미지로 떠올리는 것이다. 그래야 잠재의식이 깨어난다.

예를 들어 당신이 집을 가지고 싶어 한다고 가정하자. 그렇다면 집을 사기 위해 돈이 얼마나 필요하고 현재 무엇이 집을 사는 데 장애가 되는지 등은 생각하지 마라. 그보다 이미 아름답게 잘 지어진 집과 그곳에서 함께 가족들이 행복한 모습으로 살고 있는 모습을 먼저 상상하라.

그리고 좀 더 구체적으로 상상하는 것이다. 단층집인지 이층집인지 전통 가옥인지 현대식 건물인지 정원은 있는지 혹은 연못이 있고 잔디가 깔려 있는지 등을 꼼꼼하게 그린다. 서재가 딸린 집인지 아닌지 거실과 주방은 어떤 모습인지까지 생각한다. 가능하면 아주 세세한 부분까지 구체적으로 상상해보는 것이다.

만약 그저 막연히 자신의 집을 가지고 싶다는 희망만 품은 채 아무런 행동도 취하지 않는다면 언제까지고 그 꿈은 실현되지 않는다. 그리고 잠재의식은 그다지 친절하지 않기 때문에 구체적인 설계도가 없으면 어찌할 바를 몰라 한다.

그래서 그저 집이라면 어떤 형태든 상관없다고 생각하는 사람에게는 아무 일도 일어나지 않는다. 따라서 차를 가지고 싶다면 어떤 차인지, 그 차가 고급 승용차인지 아니면 스포츠카인지, 무슨 색인지 등의 정확한 이미지가 필요하다. 당신이 만약 장래에 어떤 직업을 가지고 싶다면 그것이 어떠한 직업인지 구체적으로 그 직업에 관해 자세한 이미지를 상상해야만 한다.

구체적인 이미지나 목표도 없으면서 그저 유명해지고 싶다, 사회적으로 성공하고 싶다, 억만장자가 되고 싶다고 바란다면 처음부터 아무런 희망이 없었던 것과 마찬가지다.

<u>잠재의식이 아무 반응도 없고 실현 기미조차 보이지 않는다면,
그것은 '구체적인 상상'이라는</u>
<u>잠재의식의 제1원칙을 제대로 실행하지 않았기 때문이다.</u>

11_
계속해서 생각한다

    어떤 일을 하든 명확한 목표가 세워졌다면 끊임없이 생각해야 한다. 어느 날 자신의 희망을 떠올려 보았는데 이내 잊어버리고 두 번 다시 떠올리지 않았다면 그 희망은 절실한 것이 아니다. 기분에 따라 수시로 변하는 희망에까지 시간을 할애할 만큼 잠재의식은 친절하지 않다.
    그뿐만이 아니다. 부정적인 생각을 하거나 나쁜 생각을 한다면 당신 자신을 파멸의 늪으로 내모는 잔혹한 행동조차 서슴지 않는다. 따라서 뚜렷한 목표를 세우고 좋은 생각을 끊임없이 상상하는 일이 곧 인생의 승자가 될 수 있음을 잊지 말자.
    만약 당신의 마음속에 '그렇게 되었으면' 하고 바라는 것이 있다면 그 일을 항상 끊임없이 생각하라. 예를 들어 그것이 현재 자신이 처한 상황에서는 도저히 실현 불가능하다고 해도 그 마음을 저버리지 말고 계속해서 생각하는 일이 필요하다.

그 이유를 머피 박사는 다음과 같이 말한다.

"잠재의식은 항상 쉼 없이 작용하고 밤낮없이 활동합니다. 당신이 관여할 수 있는 것은 잠재의식이 아니라 현재의식뿐입니다. 때문에 당신이 계속해서 생각하는 일들, 즉 사랑하고 진실로 믿는 일들이 반드시 이루어질 것이라고 믿고 실현되도록 매 순간 반복하여 생각하십시오. 물이 동그란 관을 지날 때면 그 관과 같은 모양으로 형태가 변하듯 당신의 내면을 구성하는 생명의 원리도 당신의 사고방식에 따라 변하면서 당신의 몸 안을 흐르게 됩니다."

이는 참으로 귀중한 충고다. 아무리 멋진 희망이라 해도 계속 꿈꾸지 않는다면 그것은 절대로 실현되지 않는다. 그런데 그것으로 그치면 그나마 다행이다. 하지만 머피 박사는 또 말한다.

"항상 최선을 기대하면서 당신의 의식하는 마음을 바쁘게 움직이도록 만드십시오"라고 말이다. 그렇게 하지 않으면 잠재의식은 무엇을 시작해야 할지 모르기 때문이다.

잠재의식이 텅 비는 일이란 있을 수 없다. 그 속에는 항상 무엇인가가 흐른다. 그것이 진정 무엇인지는 당사자도 잘 모른다. 그래서 자신을 가장 바람직한 생각으로 채우지 않으면 위험한 상황에 처할 수도 있다.

  예를 들어 무엇 하나 불편함 없이 살던 사람이 갑자기 자살할 때가 있다. 또 아주 큰 범죄를 저지른 사람이 있다. 그 이웃은 "설마 그 사람이……. 믿을 수 없어요"라고 말한다. 하지만 인간의 마음속에는 남의 눈에 어떻게 비춰지든 간에 자신도 가늠하지 못하는 수수께끼와 같은 부분이 있다.

  그것이 좋은 방향으로 흐르거나 나쁜 방향으로 흐르는 것은 그 사람이 생각하기 나름이다. 앞서도 말했지만 잠재의식은 옳고 그름이나 선하고 나쁨에 관계없이 작용한다.

<u>자신에게 바람직한 희망을 끊임없이 마음속에 떠올리며 잊지 않도록 노력하라.</u>

12_
실현될 것을 굳게 믿는다

'믿는 자는 구원 받는다'고 흔히 말한다. 이 말은 뒤집어 보면 인간이 얼마나 의심 많은 존재인가에 대한 반증이기도 하다.

특히 현대인들은 예전에 비해 더 많이 그리고 더 깊이 사람을 의심한다. 그것은 무엇보다 과학이 지금까지 진실이라고 여긴 많은 사실들을 차례로 뒤집어왔기 때문이다. 오늘날 많은 사람들은 마치 과학이라는 종교의 신자라도 된 듯이 무슨 일이 생겼다 하면 '과학적으로 증명되었는지 어떤지'를 입에 담는다.

그런데 정작 세상에서 일어나는 현상을 정확히 규명하려고 노력하는 뛰어난 과학자들은 과학의 한계를 항상 염두에 둔다. 한계가 있기 때문에 가능성을 믿고 도전할 수 있는 것이 과학이다. 과학은 어느 시대를 막론하고 발전 중인 존재였으며 그 끝이 어디인지는 아무도 모른다.

동시에 과학이 절대적인 진리에 도달하지도 못한다. 한편 오늘날 과학을 과신하며 무턱대고 믿는 일은 바보 같은 짓이라고 생각하는 사람도 많다. 이를 바꿔 말하면, 이미 밝혀진 사실은 믿지만 미지의 일은 믿지 않는 사람이 많다는 뜻도 된다.

그런데 이러한 태도는 잠재의식을 활용하는 데 그다지 바람직하지 못하다. 믿음은 마음을 평온하게 해주고 지속해야 할 의지를 더 견고하게 해주기 때문이다.

마음의 평안을 얻으면 당신의 현재의식이 잠재의식에 각인시키는 내용도 더 훌륭하게 바뀐다. 만약 자신의 희망이 실현되리라고 진심으로 믿지 않았다면 과연 어떻게 되었을까? 현재의식에서는 믿는 듯이 행동하며 속일 수 있겠지만 잠재의식에서는 속임수나 거짓이 통용되지 않는다. 아무리 속이려 해도 잠재의식은 당신이 진심으로 자신의 소망이 실현되리라는 믿음이 없다는 사실을 간파하고 만다.

<u>잠재의식을 활용하려면 먼저 자신의 소망이 실현되기를 마음 깊이 믿는 일부터 시작해야 한다.</u>

13_
반드시 행동으로 옮긴다

잠재의식 이론 중 오해를 받는 부분이 '행동'이다. 특히 머피 박사가 쓴 책《잠재의식의 힘(The power of your subconscious mind)》이 많은 사람들에게 읽혔는데 이 책의 내용 중 일부분이 간혹 행동에 대한 오해를 사는 하나의 원인이 되고 있다.

그 이유는 잠재의식의 법칙은 행동에 대해 귀찮은 잔소리를 전혀 하지 않는다. 항상 문제가 되는 부분은 마음가짐이나 사고방식이다. 그것이 올바른 생각이라면 당신은 자신이 생각하고 그린 그대로 인생을 누릴 수 있다고 가르친다.

그렇다고 해서 행동을 무시하는 것은 아니다. 당연히 행동을 전제하고 하는 말이다.

자신의 이상이나 바람을 이미지로 떠올려 그것을 계속 생각하고, 그것이 실현되리라 믿는다 해도 가장 중요한 행동이 함께하지 않으면 역시 아무것도 성취하지 못한다. 이는 열심히 쌓아올린 나무를 받치고 있는 토대를 단번에 빼내는, 즉 그간의 노력을 물거품으로 만드는 행위와 다름없다.

행동은 성공적인 결과를 반드시 보증하지는 않지만 반대로 행동이 없는 곳에 성공은 절대로 있을 수 없다는 사실을 기억해 둘 필요가 있다.

단지 잠재의식의 위대한 작용을 아는 사람과 그것을 눈치 채지 못한 사람은 똑같은 행동이라 해도 그 행동 양식에 커다란 차이가 생긴다. 예를 들어 흔히 무슨 일인가를 성취하려고 할 때 그 행동 과정은 '얻는다 → 한다 → 성취한다'로 진행된다.

야구를 예로 들어보자. 먼저 도구가 필요하다. 글러브나 배트, 야구공, 유니폼을 먼저 손에 넣어야 한다. 이것이 '얻는다'이다. 다음으로 이것들을 사용하여 야구에 몰입한다. 이것이 '한다'의 단계이다. 여기서 기술을 몸에 익히고 나중에 프로야구 선수가 된다. 이것으로 '성취한다'에 도달한다. 이것이 일반적인 행동 양식이다.

하지만 잠재의식을 충분히 활용하면 이러한 행동 양식이 '성취한다 → 얻는다 → 한다'로 변한다. 즉 맨 처음에 자신이 프로야구 선수로서 활약하는 모습을 상상한다. 물론 이때 '성취한다'는 것은 그저 상상의 세계에 국한되겠지만, 먼저 자신이 성취하는 이미지를 선명하게 떠올리는 일은 아주 중요하다. 여기서 출발하는 것과 그저 묵묵히 연습하여 결과적으로 목표에 도달하는 것은 얼핏 같아 보이지만 사실은 엄청난 차이가 있다.

어떤 분야를 막론하고 뛰어난 업적을 남긴 인물은 거의 모두가 후자의 '성취한다'는 행동 양식을 먼저 밟기 시작한다. 다시 말하면 자신이 머릿속으로 그리는 상상은 하루하루의 행동으로 나타나고, 목적을 달성할 수 있게 해주는데, 어느 때는 좀 더 빨리 혹은 더 끈질기게 버틸 수 있는 힘을 발휘하게 만들면서 확실하게 소망을 성취할 수 있도록 도움을 주는 것이다.

<u>간절히 이루고픈 목표가 있는가?</u>
<u>그렇다면 목표를 이룬 자신의 모습부터 상상하라.</u>

14_
불평불만은 부메랑이 되어 돌아온다

자신의 인생에 대해 사사건건 불만이 가득한 사람이 있다.

다음은 뉴욕에 사는 한 청년의 이야기다.

그는 남 못지않은 학력이 있고, 또한 남에게 뒤지지 않을 만큼의 능력도 있지만 자신은 이상하게 좋은 상사나 동료를 만나지 못한다며 자주 직장을 바꿨다.

그는 상사나 동료가 자신의 실력을 제대로 평가해주지 않을뿐더러 나쁜 의도로 자신을 늘 곤란에 빠트린다며 한탄했다. 결국 그는 불면증에 시달렸고 알코올 중독에 빠져 업무를 제대로 수행하지 못하는 지경에까지 이르렀다. 그 후 그의 인생은 그야말로 시련의 연속이었다.

그런 그에게 머피 박사가 말했다.

"이유야 어찌 됐든 당신이 지금의 불만을 버리지 않는다면 사태는 전혀 호전되지 않을 겁니다."

"저도 그러고 싶습니다. 새로운 직장에 갈 때마다 이번에는 정말 열심히 잘 해 봐야지 하고 굳게 결심하지요. 그런데 그게 쉽게 안 되는 겁니다. 제가 만나는 사람들은 모두 처음에는 친절하기 그지없지만 얼마 지나지 않아 곧 자신들의 본성을 드러냅니다. 모두 이기적이고 위선자들뿐입니다."

"지금 당신이 하는 이야기를 가만히 들어보면 남 탓만 하고 있습니다. 그렇게 말하는 당신의 태도가 상대방에게 그대로 반영된다고는 생각하지 않나요? 상대방이 아무리 도리에 어긋나는 행동을 하더라도 불만을 얼굴에 드러내지 않도록 노력해보세요."

그는 잘 이해가 되지 않는다는 표정이었다. 박사는 그런 그의 모습을 보면서 말을 이었다.

"인간관계란 마치 거울과 같답니다. 당신에 대한 상대방의 태도는 상대방에 대한 당신의 태도라고 생각하세요."

그는 박사의 권유에 따라 스피치 학원에 다니며 다른 사람과 대화 나누는 방법에서부터 공개석상에서 많은 사람들 앞에서 연설하는 훈련을 했다. 그로부터 반년 후에 그는 다시 박사와 면담을 했는데 이전의 암울하던 얼굴은 어디론가 사라지고 아주 활기찬 청년으로 변신해 있었다.

사람이라면 누구나 불만이 있게 마련이다. 하지만 그것을 머릿속 가득 쌓아놓기만 한다면 인생은 결코 순조로울 수 없다. 그 무엇보다 중요한 사실은 자신의 감정을 조절할 줄 알아야 한다는 것이다. 자신의 감정을 제대로 제어할 줄 모르는 사람은 진정한 성인으로 보기 어렵다.

지금의 자신을 바꾸어보고 싶다면 일상에서 벌어지는 온갖 사건이나 환경에 대한 자신의 반응을 먼저 변화시키는 일부터 시작해야 한다. 불만은 흔히 그 사람의 감정에서 기인하는 예가 많기 때문이다. 그래서 이치를 따지기 전에 먼저 자신의 반응을 한 번 거꾸로 바꾸어보는 것도 좋은 방법 가운데 하나인 것이다.

불만은 언제나 마음을 불안정하게 만든다. 그런 상태에서 잠재의식은 바람직한 방향으로 나아가지 못하고, 따라서 황금률이 적용되지 못한다.

<u>인간관계란 마치 거울과 같다.</u>
<u>당신에 대한 상대방의 태도는</u>
<u>상대방에 대한 당신의 태도라고 생각하라.</u>

15_
증오심은 어떤 화를 부를까?

'남 잡이가 제 잡이'라는 말이 있다. 남을 미워하고 불행하게 만들면 자신도 그렇게 된다는 뜻이다.

그렇다면 증오심이나 미움은 황금률과 어떤 관계가 있을까? 머피 박사가 다음과 같은 매우 흥미로운 사례를 보고하고 있다.

머피 박사의 지인 가운데 중풍으로 고생하는 사람이 있었다. 그는 가끔 발작을 일으키면 한 걸음도 움직일 수 없었다. 더욱 심각한 문제는 언제 어디서 발작이 일어날지 모르기 때문에 항상 진정제를 가지고 다녔다고 한다.

그는 의사의 치료를 열심히 받았지만 전혀 회복될 기미가 보이지 않았고 오래된 병치레로 점점 몸과 마음이 지쳐가고 있었다. 그러던 어느 날 그와 만날 기회가 있던 머피 박사는 성서에 관한 이야기를 했는데 그때 예수가 중풍으로 고생하는 사람을 치료한 사례를 들려주었다.

"너의 죄는 사해졌노라. 내 너에게 고하노니 '일어나라, 그리고 너의 침상을 들고 집으로 가라!'" 이 말을 듣자 그는 자신에게 짚이는 게 있다고 박사에게 고백했다. 그는 친동생을 깊이 증오하고 있었던 것이다. 그는 동생이 막대한 빚만 남기고 모습을 감춰버려 거의 파산할 지경에 이르렀기 때문이었다.

그 말을 듣고 박사가 말했다.

"먼저 동생에 대한 증오심에서 해방되십시오. 자유로워지는 겁니다. 그리고 당신의 죄가 용서받을 수 있도록 기도하세요."

박사의 말에 따른 그는 그때까지 자신을 파멸로 몰아갔던 심한 우울증으로부터 해방될 수 있었고 그로부터 발작 횟수도 줄기 시작하여 마침내 병이 나았다고 한다.

또 이런 예도 있다. 사업을 하면서 공동경영자의 배신으로 전 재산을 잃은 남자가 병원에서 괴로운 나날을 보내고 있었다. 그는 자신의 병은 자신을 배신한 공동경영자 때문이라고 여겼다. 거의 빈사 상태에 놓여 있으면서도 그는 '만약 병원을 나갈 수 있으면 그놈을 꼭 죽이고 말 거야'라며 저주해 왔다고 한다.

그런 그에게 어떤 사람이 충고했다.

"미움과 증오에서 해방될 수 있으면 당신의 병은 회복될 겁니다."

그 충고를 진심으로 받아들인 그는 정말로 자신의 병을 고칠 수 있었다.

증오나 미움은 잠재의식을 활용하는 데 가장 큰 적이라 할 수 있다. 당신에게 멋진 꿈과 희망이 있더라도 미움이나 증오가 마음속에 존재한다면 꿈과 희망은 영원히 실현되지 않는다. 증오나 미움은 그만큼 강한 힘이 있다.

사실 세상에는 아무런 죄책감 없이 부정을 저지르는 사람들이 많다. 또 나와는 아무런 관계도 없고 어떤 피해를 입히지도 않았는데도 나에게 막대한 손해를 끼치고 자존심을 짓밟으며 거기에 배신까지 하는 사람도 심심찮게 있다.

만약 이런 일이 당신에게 일어난다면 마땅히 화를 내고 상대를 미워할 것이다. 그것은 인지상정이다. 하지만 잠재의식의 힘을 아는 사람은 상대에 대한 미움이나 증오는 상대보다 자신에게 더 부정적인 영향을 끼친다는 사실을 알고 있다.

<u>미움이나 증오는 당신에게 눈곱만큼의 이익은커녕 깊은 상처나 손해만을 안길 뿐이다.</u>

16_
긍정적 사고가 중요한 이유

황금률을 잘 활용하여 당신이 원하는 풍요로운 인생을 살고 싶다면 긍정적인 생각과 습관이 몸에 배어야 한다. 그렇지 못하면 아무리 멋진 희망을 잠재의식에 입력해도 그 희망은 실현되지 않는다. 앞서도 설명했듯이 인간의 사고란 부정적인 방향으로 흐르기 쉽다. 그래서 긍정적인 사고가 더 빛나는 것이다.

자, 그렇다면 다시 대우주의 법칙인 황금률을 떠올려보자. 그것은 바로 '인생은 생각한 대로 이루어진다'는 것이었다. 이 말처럼 부정적인 생각으로는 결코 희망적이고 바람직한 인생이 찾아올 리 없다. 누구나 스스로는 바라지 않지만 실상은 끊임없이 머릿속의 나쁜 상념들이 잠재의식을 작용시켜 많은 악영향을 끼치고 있다.

'나는 무엇을 해도 안 돼!'
'계속 실패했으니 이번에도 안 될 거야.'
'산다는 건 정말 재미없어. 이 세상은 정말 말세야!'
'나와 결혼할 사람은 아마 없을 거야.'
'나는 왜 사람들과 제대로 사귀지 못하는 걸까?'

물론 일부러 이런 생각을 하는 사람은 없다. 그렇지만 주위를 둘러보면 이런 기분에 빠져 지내는 사람이 의외로 많다.

그들에게 어째서 그런 부정적인 사고를 하느냐고 물어보면 대부분 "부정적인 게 아니라 그게 내 현실인데 어떡하겠느냐"고 주장한다. 그런데 재미있는 것은 이런 현상은 불안과 걱정에 시달리는 사람들에게서 공통적으로 나타난다는 점이다.

"걱정거리가 있으니 어쩔 수 없는 일 아닙니까?"

하지만 똑같은 상황이라도 불안해하거나 걱정하지 않는 사람도 있다. 불안과 걱정을 이유로 병을 호소하는 사람은 모든 일에 부정적이고 과거 지향적이라는 것을 되새겨볼 필요가 있다.

<u>잠재의식은 '나는 아무 짝에도 쓸모없다'보다는</u>
<u>'나는 유능하다'라고 생각하는 편이</u>
<u>훨씬 좋은 결과를 가져온다.</u>

17_
절망적일 때도 긍정적 사고가 필요할까?

주어진 상황이 긍정적으로 생각하기 어렵더라도 마찬가지다. 예를 들어 시험에 떨어졌을 때 그것은 확실한 결과치가 나온 것이기 때문에 도저히 긍정적으로는 생각하기 힘들지 모른다.

하지만 '이제 정말 틀렸어. 절망적이야'라고 생각하기보다 '지금 상태에서 합격한다면 내게 분명 뭔가 좋지 않은 일이 벌어졌을 거야. 이건 하늘의 계시야. 그래서 한 번 더 나에게 공부할 기회를 준 거야'라고 해석하고 받아들일 수도 있다.

지금 손 안에 만 원짜리 지폐 한 장이 있다. 이때 '이제 만 원밖에 남지 않았어. 어쩌지?'와 '아직 만 원이나 남았어. 다행이야'라는 생각은 마음에 끼치는 영향이 사뭇 다르다.

이때 '이제'는 부정적인 사고방식이고 '아직'은 긍정적인 사고방식이다. 만 원이라는 눈앞의 현실은 똑같은데 이처럼 받아들이는 방식은 천양지차다.

'세상일은 생각하기 나름이다'라고 말하면 다소 무책임하게 들릴지 모른다. 그러나 평소에 당신은 '이제'가 아닌 '아직'이라고 생각하는 훈련을 쌓아둘 필요가 있으며 이는 살아가는 데 매우 중요하다.

어째서 긍정적인 사고방식이 중요한가? 그것은 세상의 모든 일이 그 사람의 생각에 따라 결과가 만들어지기 때문이다. 사람의 몸이란 그 자체만 본다면 아무런 의지도 지성도 없다. 그런데 그 몸에 정신이 깃들면서 비로소 의지가 형성된다. 즉, 사물에 대해 그 사람이 어떻게 생각하느냐에 따라 어떻게든 된다는 것이다. 잠재의식의 위대한 능력도 알고 보면 이 정신이란 부분과 커다란 관련이 있다.

절망적인 상태일 때야말로 긍정적인 사고방식이 절실히 필요하다. 물론 비참한 지경에 이른 사람에게 '너무 걱정하지 마라. 지금까지의 일은 잊어버리고 앞으로 좋은 일만 일어날 거라고 생각하며 살아가라'고 말한다면 무책임하게 들릴지 모른다. 타인의 아픔일랑 아랑곳하지 않는다는 비난을 살지 모를 일이다.

하지만 잘 생각해보라. 황금률에 따르면 인생은 잘 되든 잘못되든 그 사람이 생각한 대로 이루어진다고 했다. 게다가 옳고 그름이나 선함과 악함의 구별이 없으며 동정도 연민도 없다고 했다. 그런 의미에서는 무척 기계적이라고 해도 좋겠다.

즉, 자동차를 안전하게 사용하면 그것만큼 편리한 문명의 이기도 없지만 난폭하게 운전한다면 목숨을 잃을 수 있는 것과 같다.

지금 당신이 처한 상황이 비참하다면 그것은 당신 스스로 난폭하게 운전해서 사고를 일으킨 것이나 다름없다.

당신의 현재는 지금까지 당신이 잠재의식 속에 무엇을 각인시켜 왔는지의 결과다. 만약 비참한 경험을 했는데 그 순간 너무 비참하다는 생각만 했을 뿐 어째서 그런 결과를 초래했는지에 대한 반성이 없었다면 앞으로도 똑같은 일이 다시 반복될 것이다. 그 사람에게 결코 풍요롭고 만족할만한 행복은 찾아오지 않는다. 절망적인 상태에서 오히려 더 긍정적으로 사고해야 하는 이유가 바로 여기에 있다.

<u>절망적인 상태일 때야말로
긍정적인 사고가 절실히 필요하다.</u>

17_
행운은 정말 존재할까?

 흔히 '운이 좋다, 나쁘다'고 말하는데 과연 운이란 정말 존재할까? 주변을 살펴보면 과연 그렇다고 인정할 만한 실례는 얼마든지 있다.
 무엇을 해도 일이 척척 진행되어 인생을 즐기는 사람이 있다. 이런 사람은 궁지에 몰린 절박한 상황에서도 잘 빠져나온다. 한편 무엇을 해도 잘 안 되는 사람이 있다. 이런 사람은 이제 정말 더 나빠질 게 없다고 생각하는 찰나에 또 뜻하지 않은 사고를 만난다. 이럴 때면 사람들은 으레 '운이 좋다', '운이 나쁘다'라는 말을 내뱉으며 억지로 납득하려 한다. 과연 그들의 말처럼 정말 '운'이란 존재할까?

극히 일반적으로 말하자면 운이란 본인의 의지나 희망, 행동과 관계없이 찾아오는 것이다. 그런데 이것이 좋은 경우와 나쁜 경우가 있다. 즉, 행운과 불운이다. 그리고 사람들은 그 운을 하늘에 맡길 수밖에 없다고 생각한다.

그런데 운에는 믿기지 않는 재미난 부분이 있다. 기차 시간을 맞추지 못한 탓에 사고를 당하기도 하고, 빌딩 옥상에서 떨어졌는데 가볍게 긁히기만 하고, 또 그저 그렇게 공부했는데 서울대에 보란 듯이 합격하고, 열심히 공부했는데 아무 대학에도 들어가지 못한다. 이런 일이 실제로 일어나는 것을 보면 운이란 마냥 신비스럽고, 노력이나 근면, 성실함 따위가 허무하게 느껴지기조차 하는 때도 있다. 하지만 이는 신비도 신기도, 아무것도 아니다. 실제로 일어났어야 할 현상이 일어났을 뿐이다.

불교에는 원인이 있으면 반드시 결과가 있다는 '인과율(因果律)'이라는 말이 있다. 결과에는 그에 합당한 원인이 있다는 말이기도 하다. 제아무리 하찮은 일일지언정 원인이 없다면 결과도 없다. 만약 원인이 있다면 그것들은 인간의 상념이나 혹은 행동들이 빚어낸다. 적어도 인간과 관련된 일이라면 그렇다.

<u>운이란 좋든 나쁘든 어떠한 곳에서 흘러 들어오든
사람의 지혜가 도달하지 못하는 곳에 있지 않다.</u>

18_
행운을 불러들이는 방법

행운이나 불운은 스스로 불러들인다. 하지만 불운을 불러들이고 싶어 하는 사람은 아무도 없다. 실제로 목숨을 잃을 뻔했던 사람이 잠재의식을 활용해 자신의 목숨을 구한 사람이 있다.

전쟁터에서 있었던 일이다. 한 청년이 육군 당국에서 사형을 언도받았다. 억울한 누명을 뒤집어 쓴 그는 결국 체포되어 사형선고를 받고 육군 형무소에 수감되었다. 보통 사람들이라면 울며불며 절망에 빠질 법한데 그는 '나는 절대로 사형당하지 않는다'고 밤마다 자신에게 말하며 용기를 잃지 않았다.

결국 그의 체포가 실수였음이 드러났고 그는 사형을 면했다. 이것은 처음에 엄청난 불운이 그를 엄습했고 다음으로 아주 극적인 행운이 찾아온 실례다. 이 이야기를 듣고 '사형 당할 이유가 없어 목숨을 건졌다고는 하지만 사실은 결국 본전만 건진 셈이 아닌가?' 라고 생각한다면 운의 본질을 제대로 알지 못하고 있는 것이다.

　운이란 불운이든 행운이든 그 사람에게 확고한 마음가짐만 있다면 경험하지 못한 사람에 비해 경험한 사람을 인간적으로 더 성숙하게 만든다. 인생이란 커다란 무대에서 본전밖에 건진 게 없다는 이러한 성급한 결론은 결국 '어차피 죽고 말 인생 처음부터 태어나지 말았어야 했다'라는 극단적인 사고방식을 키우기 쉽다. 그런데 이는 아주 잘못된 생각이다. 불행을 두려워하면서 오로지 하늘에 행운을 비는 나약함보다 '내 운명은 내가 개척한다'는 적극적인 자세가 인생에 있어 무엇보다 중요하다.

　인생을 적극적으로 살아가는 사람이 운도 억세게 좋은 법이다. 항상 어쩔 줄 몰라 하며 소극적으로 행동하는 사람에게는 끊임없이 불행이 찾아온다. 인간은 스스로 행운을 부를 수 있다. 잠새의식 속에 '나는 정말 행운아다'라는 생각을 끊임없이 입력시키려 노력하라. 그리고 이를 뒷받침할 수 있는 행동이 따르면 된다. 그렇게만 한다면 누구나 행운을 불러들일 수 있다.

<u>잠재의식을 긍정적으로 사용하면 행운이,
부정적으로 사용하면 불운이 찾아온다.</u>

Part 02.
성공자의 대열에 선다

성공의 황금률

01_
성공한 이들은 과연 어떤 사람들일까?

사람이라면 누구나 성공하고 싶어 한다. 그렇다면 성공한 사람은 과연 어떤 사람을 두고 하는 말일까? 물론 다양한 견해가 있겠지만 일반적으로는 보통 사람보다 사회적 명성과 부를 더 많이 얻은 사람이라고 할 수 있을 것이다.

국어사전을 살펴보면 '성공'이란 '목적하는 바를 이룸'이라고 적혀 있다. 목적하는 바를 이루어 낸 성공한 사람들에게는 한 가지 공통점이 있다. 바로 잠재의식을 잘 활용했다는 점이다.

다시 말해 잠재의식을 잘 활용하는 사람은 성공할 수 있다. 인류 역사상 아주 눈부신 업적을 남긴 천재나 위인 혹은 영웅을 살펴보더라도 그들이 하늘의 계시를 받았다거나 신비한 체험을 한 사람이 많았다는 사실을 알 수 있다. 하지만 실제로 거기에는 잠재의식의 힘이 작용한 것이라 할 수 있다. 즉 잠재의식에 따른 황금률이 적용된 것이다.

<u>당신이 진심으로 원하는 것이 무엇인지 그 목표를 정확히 하고 이미 성공한 당신의 모습을 지속적으로 상상하고 행동한다면 당신은 어느 날 성공한 자신을 발견하게 된다.</u>

02_
성공한 사람들의 공통적인 요소

성공한 사람들은 거의 모두가 예외 없이 잠재의식을 훌륭하게 잘 활용했다고 앞서 설명했다. 그 외에도 그들에게 찾아볼 수 있는 공통적인 요소는 어떤 것들이 있을까?

첫째, 매사에 긍정적으로 생각하는 습관이 있었다.
둘째, 아낌없이 노력했다.
셋째, 명확한 목적의식이 있었다.
넷째, 자신을 믿었으며 타인의 말에 휘둘리지 않았다.
다섯째, 실패를 두려워하지 않았다.
여섯째, 상상하는 것에 뛰어난 재능을 보였다.

그렇다면 이 공통점들이 우리에게 시사하는 바는 무엇일까? 그것은 바로 성공한 사람들은 특별한 재능이 필요하다고 생각하지 않았다는 점이다.

위대한 성공에는 보통 사람에게는 없는 뛰어난 재능이 필요하다고 생각하기 쉽다. 하지만 실제로는 재능이 성공에서 차지하는 비율은 극히 일부분에 지나지 않는다. 에디슨은 '천재는 1퍼센트의 영감과 99퍼센트의 땀으로 이루어진다'고 말하지 않았는가.

이 말은 우리 보통 사람에게 용기와 희망을 안겨주는 말이다. 누구나 하고자 하는 의욕만 있다면 땀은 얼마든지 흘릴 수 있다. 그렇다면 아마도 나머지 1퍼센트만이라도 잠재의식을 활용하라고 에디슨은 말하고 싶은 것인지도 모른다.

사업에서 성공한 사람, 창작 활동을 통해 성공을 거둔 예술가도 사실 처음에는 우리와 비교해 그다지 차이가 나지 않는 위치에 있었다. 그런데 그들은 앞서 나열한 요소들을 열심히 반복했고 그것이 결국은 그들을 우리와 다른 위치에 있게 만들었다.

그렇다면 반대로 인간이라면 누구나 성공할 자격이 있다고 말할 수 있지 않을까? 결과가 나온 상태에서 성공자와 실패자를 비교해보면 상상도 못할 만큼 큰 차이가 있지만, 그 차이란 처음부터 존재했던 것은 아니다. 하루하루 쌓아올린 노력의 유무가 그런 결과를 낳았다고 봐야 한다.

"당신은 무엇 때문에 이 세상에 존재한다고 생각합니까? 그것은 당신 안에 감추어진 재능을 발견하여 세상에 널리 알리고 그에 걸맞게 삶으로써 최고의 인생을 만끽하기 위해서입니다"라고 머피 박사는 말한다.

다시 말해 우리는 누구나가 성공할 수 있으며 또 성공하기 위해 이 세상에 태어났다.

그런데 안타깝게도 주위를 둘러보면 성공한 사람보다 실패한 이들이 많다. 이는 황금률이 존재한다는 사실을 믿지 않고 자신의 인생을 부정적인 요소로 잔뜩 도배하고 살았기 때문이다.

<u>의심으로 가득 찬 마음은
승리로의 여정에 집중할 수 없다.</u>
- 아서 골든

03_
성공에 필요한 재능

단언컨대 재능이란 추상적인 가치다. 노래를 잘 부른다, 그림솜씨가 뛰어나다, 다른 사람보다 빨리 달린다, 야구를 잘한다, 손놀림이 예사롭지 않다……. 이처럼 타인에게 없거나 혹은 더 뛰어난 재능은 얼마든지 존재한다. 하지만 세상에서 성공하는 일과 재능의 유무는 큰 관계가 없다고 해도 과언이 아니다.

지금 TV를 통해 자주 접하는 가수보다 더 노래를 잘 부르는 사람은 세상에 헤아릴 수 없이 많다. 그럼에도 어떤 사람은 인기가수가 되고 어떤 사람은 자신의 재능을 썩히고 만다. 그렇지만 여기에 재능의 유무나 우열은 아무런 관계가 없다.

그렇다면 과연 그 차이는 어디서 오는가? 그것은 가수가 되겠다고 생각했는가 그렇지 않은가의 차이다. 가수가 되는 게 희망인 사람은 잠재의식을 잘 활용하여 가수가 되고 그렇지 않은 사람은 본인이 바라지 않던 일에 종사하며 평생을 살아간다.

물론 재능이나 노력이 전혀 무의미하다는 뜻은 아니다. 그것은 다른 관점에서 매우 중요한 요소이기는 하지만 지식이나 재능의 혜택을 충분히 받았으면서도 결과적으로 자신의 희망을 이룬 사람이 훨씬 적은 현실을 냉정하게 분석해 볼 필요가 있다.

독일의 세계적인 문호 괴테는 '무엇을 생각하느냐에 따라 그 사람의 인생이 결정된다'고 했다. 재능이 인생의 결정적인 요소라고는 말할 수 없다는 뜻이다.

우리는 무슨 일에든 으레 '내겐 그럴만한 재능이 없어서……' 하며 변명 아닌 변명을 늘어놓는다. 하지만 극단적으로 들릴지 모르지만 재능 따위가 전혀 없어도 잠재의식을 잘 활용하면 당신은 자신이 바라는 바를 이룰 수 있다.

또한 목적한 바를 이루는 일이 성공이라 한다면 그 때문에 필요한 것은 강렬한 희망, 굳건한 의지, 끊임없는 노력 등이지 결코 재능이 성공요소라고 할 수만은 없다.

<u>성공에는 어떤 속임수도 없다.</u>
<u>잠재의식을 믿고 전력을 다하면 성공은 따르게 마련이다.</u>

04_
위인들이 생각하는 재능

이 세상에서 가장 뛰어난 재능은 어느 누구에게나 똑같이 주어진 황금률이라 말할 수 있다.

동서고금을 막론하고 우리가 흔히 말하는 타고난 재능을 가진 사람들이 세상에는 얼마든지 있다. 그런 그들이 천재나 재능이란 것에 대해 어떤 생각을 했을까?

"재능이란 자기 자신을, 자신의 힘을 믿는 것이다." (고리키)

"자기 자신의 사상을 믿고 자기에게 진실인 것을 믿고, 자기 마음으로 미루어 만인의 진실을 믿는 자 이것이 천재다." (에머슨)

"99퍼센트까지는 노력, 1퍼센트가 재능이다." (채플린)

여기서 확실한 점은 타고난 재능이란 흔히 우리가 생각하듯 그렇게 찬란하게 빛나는 것이 아니다. 순수하면서 한편으로는 인내하고 노력해야 하는 보통 사람들이 해야만 하는 행동들과 마찬가지다. 세계 최고의 지성 혹은 최고의 재능이 있다는 사람들이 그렇게 말하고 있지 않은가?

머피 박사도 이와 똑같은 말을 한다.

"성공하기 위해서는 재능이나 지식이 절대적인 조건이 아닙니다. 오히려 당신이 무엇이 되고 싶은지를 결정하고 그에 대해 끊임없이 생각할 수 있는지 아닌지에 달려있다고 봐야 합니다."

즉, 재능은 무엇인가를 희망하고 계속 그것을 생각해야 된다는 뜻이기도 하다. 이런 예가 있다.

어느 대학 교수가 자신의 논문을 완성시키기 위해서는 아주 오래된 귀중한 문헌이 필요했다. 그에게 그 귀중한 문헌만 있다면 아주 훌륭한 논문이 완성될 수 있었다. 그런데 그 문헌은 대형 도서관에서도 찾기 힘든 데이터였다. 게다가 세계의 여러 대형 도서관을 찾아간다고 하더라도 반드시 찾을 수 있다는 보장은 없었다. 또한 그에게는 그렇게 여러 곳을 돌아다니며 데이터를 찾을 시간적 여유도 없었다.

그런 그의 선택은 다름 아닌 잠재의식의 힘을 빌리는 것이었다. 즉, 날마다 잠자리에 들기 전에 그 문헌이 자신의 손에 들어오는 상상을 하며 다음과 같이 자신에게 말했다.

'나의 잠재의식은 내가 찾는 데이터가 있는 곳으로 틀림없이 안내해줄 거야.'

놀랍게도 그는 어느 날 자신이 살고 있는 아주 가까운 헌책방에서 자신이 찾던 문헌을 기적적으로 손에 쥐게 되었다. 그리고 그 데이터를 사용하여 아주 훌륭한 논문을 완성했고 그로써 유능한 학자로서의 지위를 확고히 굳힐 수 있었다.

그런데 사람들은 그의 머리가 좋다는 사실은 인정하면서도 그가 잠재의식의 도움을 받았다는 사실은 믿지 않는다. 그들은 이런 우연과도 같은 요소로 그가 사회적 지위를 굳히는 일이란 있을 수 없다고 생각한다. 하지만 사실 이렇게 아무렇지도 않게 여기는 하찮은 사고나 행동이 계기가 되어 큰 발견을 하거나 큰일을 해내는 사례가 실제로 우리 주변에서 많이 일어나고 있다.

<u>진정한 재능이란 공작의 꼬리와 같이
스스로 이끌어내야만 하는 것이다.</u>
- 노비코프 프리보이

05_
욕망 없이 성취란 있을 수 없다

흔히 인간은 욕망의 동물이라고 한다.

그래서일까? 머피 박사는 욕망을 억제해선 안 된다고 말한다.

그렇지만 과욕을 너무 지나치게 경계한 나머지 때에 따라서는 욕망을 억제할 줄도 알아야 한다는 말을 자주 쓰는데 그럴 때면 으레 '이성'이라는 낱말이 등장한다.

이성이란 사회적 인간에게 반드시 필요한 덕목이다. 하지만 이성이 욕망을 억제하는 일에만 주로 쓰인다면 그다지 바람직하지 못하다. 이에 대해 머피 박사는 다음과 같이 조언한다.

"나쁜 욕구란 존재하지 않습니다. 욕구를 말살하거나 억압하는 행동은 결과적으로 매우 나쁜 영향을 끼칠 수 있습니다."

오히려 욕망은 성공의 중요한 요소로 작용한다.

인생의 좌절감으로 고통 받던 한 남자가 있었다. 그는 머피 박사의 잠재의식을 활용하는 방법에 대한 강연을 듣고 집으로 돌아가자마자 자신이 원하는 바를 크게 세 가지로 적어보았다고 한다.

그 세 가지 소망은 각각 자신의 적성에 맞는 직장, 최신형 자동차, 자신이 만족할 만큼의 돈이었다. 그리고 제일 먼저 적성에 맞는 직장과 관련하여 그는 다음과 같이 마음속으로 외쳤다.

'이 세상에 황금률은 틀림없이 존재하며 나는 그 은혜를 받을 권리가 있다. 이제 곧 나는 내가 원하는 직장을 구할 것이다.'

신기하게도 2주 후, 그는 정말로 적성에 맞는 직장을 찾게 되었다. 그는 첫 소망이 실현되자 이에 용기를 얻어 이번에는 원하는 자동차를 샀을 때의 만족감을 마음속으로 그려보았다.

그러자 이번에도 뜻밖의 일이 벌어졌다. 그가 구입한 복권이 당첨되어 상품으로 자동차를 받은 것이다. 이후 그의 정신 상태는 안정을 되찾으면서 전과 비교할 수 없을 만큼 부드러워졌고 모든 사람에게 너그럽게 대했다. 그리고 그렇게 본인의 마음가짐이 변하면서부터 모든 일이 순조로워져, 그는 직장에서 모든 이들의 신뢰를 받았으며 처음으로 중책을 맡기에 이르렀다. 예전 같으면 망설였지만 그는 그 중책을 흔쾌히 받아들였다. 소극적인 성격이던 예전의 그로서는 감히 상상도 못할 일이었다.

그리고 그로부터 얼마 지나지 않아 그는 자신이 자주 이용하는 은행에 보통 사람들처럼 자기 이름으로 된 예금통장을 가지게 되었다. 그 후 그는 능력 있는 후원자를 찾아 사업을 시작해 큰 성공을 거두었다.

어느 날 머피 박사를 만난 그는 자신이 박사의 강연을 계기로 지금의 지위에까지 올랐다는 이야기를 했다.

"잠재의식을 알기 전의 저에게는 적극적인 욕망이라고는 찾을 수 없었습니다. 어차피 실현되지 않을 게 뻔하다며 미리 포기했으니까요. 그저 하루하루 그럭저럭 살아가면 그것으로도 다행이라고 생각했지요. 그런데 그날 박사님의 강연을 듣고 저는 매우 욕심이 많은 사람으로 변했습니다. 박사님의 말씀은 그야말로 진리였습니다."

'욕망 없이 성취란 있을 수 없다'라는 사실을 가슴 깊이 새길 필요가 있다. 잠재의식은 여기서부터 작용하기 때문이다.

성공을 바란다면
먼저 원대한 욕망에 자신의 몸을 맡기는 일부터 시작하라.

06_
실패란 성공을 향하는 첫걸음이다

성공의 반대는 실패다. 그런데 세상에는 성공한 사람보다도 실패한 사람이 많다. 또 자신이 성공했다는 생각을 단 한 번도 해보지 못하고 인생을 마감하는 사람도 많다. 반대로 태어나면서부터 한 번도 실패한 적이 없다고 자신 있게 말할 수 있는 사람도 극히 드물다.

그런데 성공 아니면 실패라고 할 정도로 세상은 그렇게 단순하지 않다. 그럼에도 세상의 평가란 흔히 사람을 성공과 실패로 분류하려는 경향이 있다.

사실 실패를 좋아할 사람은 아무도 없다. 그럼에도 현실을 둘러보면 많은 사람이 실패를 경험한다. 에디슨은 전구를 발명하기까지 무려 몇 천 번, 몇 만 번의 실패를 경험했다. 하지만 그는 그것을 실패로 생각하지 않았다고 한다.

'이 방법으로는 안 되겠다.'

그는 그렇게 생각했을 뿐이다. 즉 그에게 그것은 성공(자신이 머릿속으로 그리는 것에 도달하는 일)에 이르기 위한 과정에 지나지 않은 것이다. 실패할 때마다 '또 이번에도 실패야'라는 생각뿐이라면 몇 천 번, 몇 만 번의 실험을 반복할 수는 없었을 것이다.

이 사례는 우리에게 실패의 본질에 대한 가르침을 던지고 있다. 실패란 성공의 대극에 있지 않다. 실패란 성공에 이르기 위한 첫걸음일 뿐이다. 하나씩 실패를 거듭하면서 경험을 쌓는 일이 바로 성공으로 이르는 길이다. 그래서 실패는 경험하지 못하는 것보다 오히려 실패해 보는 편이 낫다. 극단적으로 말하자면 실패를 많이 하는 게 성공의 지름길이다. 영국의 극작가인 사우잔은 '실패는 낙담의 원인이 아니라 신선한 자극이다'라고까지 말했다.

인간의 최대 영광은
한 번도 넘어지지 않는 데 있는 것이 아니라
넘어질 때마다 다시 일어나는 데 있다.
- 골드스미스

07_
사서 고생하지 않아도 성공할 수 있다

'젊어 고생은 사서도 한다'라는 말이 있다. 또한 흔히 '역경은 성공자를 만든다'라고도 말한다.

그리고 우리가 흔하게 접하는 성공 이야기는 마치 공식처럼 이런 내용으로 전개된다. '그(그녀)는 집이 가난하여 제대로 먹지 못했고, 학교도 제대로 다니지 못했다. 그렇지만 고생을 거듭한 끝에 마침내 성공을 쟁취했다.'

기록적인 시청률을 올린 드라마 중에는 이런 줄거리의 드라마가 많았다. 그리고 실제로도 풍요로운 환경에서 무엇 하나 부족한 것 없이 자란 사람보다는 어려운 환경에서 힘들게 고생하며 살아온 사람이 현실을 타파하는 에너지가 강하다. 성공하려면 역경이 필요하다는 주장도 그래서 가능하다.

　하지만 여기서 간과해서는 안 될 게 있다. 그것은 역경이란 성공을 위한 충분조건도 필요조건도 아니라는 사실이다. 그저 정서적으로 역경을 경험하는 편이 그렇지 못한 경우보다 성공으로 이끄는 힘이 강하다고 이해할 뿐이다.

　그 증거로 반드시 역경에 처하지 않더라도 잠재의식의 힘을 잘 활용하여 훌륭하게 성공한 사람들이 세상에는 얼마든지 있다. 그리고 반대로 거듭된 역경과 시련으로 성공하지 못하고 실패로 끝난 사람들 또한 수없이 많다는 사실을 인식할 필요가 있다.

　결국 역경에서 성공의 요인을 찾을 게 아니라 가혹한 환경 속에서도 적극적이고 긍정적인 마음가짐으로 어떻게 행동했는지를 배울 필요가 있다. 빈곤함 속에서 겪은 고생이나 비참한 인간관계 등은 나중에 준비된 성공을 더욱더 빛나게 할 조역에 지나지 않는다.

<u>　우리가 해야 할 것은 성공이 아니다.</u>
<u>　실패에도 굴하지 않고 더욱 앞으로 나아가는 일이다.</u>

08_
밝고 긍정적인 사람이 성공한다

성공한 사람은 거의 모두 예외 없이 적극적이다. '사람들 앞에 나서는 게 싫다'라든가 '나는 사람들과 사귀는 데 서툴다'라고 말하는 사람들은 아마 예술가 가운데서 찾아보면 적게나마 만날 수 있을지 모른다. 그러나 보통 사람이 이런 성격이라면 성공하기란 무척 어렵다.

어쨌든 성공과 적극성은 따로 떼어서 생각할 수 없을 만큼 밀접한 관계를 갖고 있다. 그 이유 가운데 하나로 '행동 없이 아무런 일도 일어나지 않는다'는 사실을 지적할 수 있다.

제아무리 작고 사소한 일이라도 목적을 정하고 계획을 세웠다면 다음으로 구체적인 행동이 필요하다. 적극적인 생각과 행동력

없이 성공한다는 것은 결코 있을 수 없다.

그런데 사실 적극적인 인간의 매력이라 하면 반드시 행동에만 국한되지 않는다. 오히려 행동보다도 적극성을 띤 심리적 태도가 훨씬 더 매력적이고 가치가 있다.

앞서 긍정적으로 생각하고 말하는 일이 무척 중요하다고 했다. 머피 박사가 반복해서 강조하는 사실도 바로 적극적으로 생각하는 마음의 태도다.

마음의 태도를 가장 알기 쉽게 설명할 수 있는 예가 바로 성형수술을 한 환자의 태도 변화라 할 수 있다.

성형수술을 받는 행위는 자신의 외모로 열등의식을 느끼고 있다는 증거다. 그 열등의식에 대한 보상행위로 병원 문을 두드린다. 그리고 수술이 성공적으로 끝나면 어느새 전에 느끼던 열등의식은 사라지고, 수술 전에 소극적이던 태도가 갑작스레 적극적으로 변한다. 이것이 성형수술이 성공했을 때의 가장 일반적인 유형이다.

자기 이미지를 심리적으로 개선하면 목표와 소망이 저절로 이루어질 수 있다는 사이코 사이버네틱스 이론이 바로 여기서 파생되었다.

이 이론을 확립시킨 맥스웰 몰츠 박사에 따르면 '성형수술이 성공적으로 끝난 사람은 그저 단순히 얼굴의 형태가 바뀐 게 아니라 인생 그 자체가 변했다'고 한다. 얼굴 형태가 변하고 인생이 변하는 두 가지 사실 사이에는 어떠한 인과율이 작용하고 있지 않을까?

그렇다. 수술 전에는 우울하고 열등감에 사로잡힌 사람이 수술 후에는 밝고 자신감이 넘치는 모습을 되찾았고 그로써 그 사람의 인생이 변했다고 한다. 이 사실을 통해 우리가 알 수 있는 것은 마음자세를 어떻게 가지느냐에 따라 인생을 변화시킬 수 있다는 것을 알 수 있다.

바꿔 말하자면 재능이나 노력보다 그 사람의 마음가짐이 훨씬 더 중요하다는 뜻이다. 그리고 그 마음가짐은 항상 적극적이어야 한다. 성공한 사람들은 거의 예외 없이 성격이 밝고 긍정적이었다는 점은 부정할 수 없는 진리이다.

혹자는 다음과 같이 말할지 모르겠다.

"그야 당연한 말이다. 성공하지 않았는가! 누구라도 성공한다면 당연히 밝아질 수밖에 없지 않은가!"

하지만 이것은 틀린 말이다. 성공한 사람은 성공했기 때문에 밝은 게 아니라 밝았기 때문에 성공한 것이다.

<u>이 시대의 가장 위대한 발견은
마음자세를 바꿈으로써 삶을 바꿀 수 있다는 사실이다.</u>

09_
현재의 마음이 미래를 만든다

모든 사람의 마음가짐에는 어떤 일정한 경향이 있다. 그래서 어떤 사람은 항상 발랄하고 또 어떤 사람은 항상 어둡고 찌푸린 얼굴을 한다. 그런데 주어진 환경이나 상황에 별반 차이가 없는데도 얼굴은 판이하게 다를 때가 있다. 이때는 역시 그 사람의 마음가짐이 어떤지를 들여다보아야 한다.

이렇게 항상 그 사람의 마음에서 엿보이는 일정한 경향이나 방향성 혹은 자극에 대한 반응의 유형을 가리켜 마음자세, 즉 심리적 태도라 부른다.

세상을 둘러보면 지능이나 재능이 뛰어나고 노력도 남들만큼 하는데도 전혀 일이 진전되거나 좋은 결과를 내지 못하는 사람이 있다. 반대로 타인의 눈에 일도 적당히 하고 게을러 보이는데 무슨 일이든 잘 풀리고 좋은 결과를 얻는 사람이 있다.

이를 가리켜 '세상은 불공평하기 짝이 없다'고 말하는 사람도 있다. 그런데 그렇지 않다. 앞서도 말했지만 황금률은 태양이 모든 이의 머리 위를 비추듯 공평하게 작용한다. 잠재의식도 누구든지 자신이 바라는 인생을 살아갈 수 있게 이끌려고 애쓴다.

그럼에도 당신이 전혀 뜻하지 않은 상황에 빠진다면 이를 어떻게 해석하고 받아들여야 할까? 이때도 역시 황금률은 적용되었다고 봐야 한다. 당신이 지금 처한 상황은 예전에 당신이 바라던 모습인 것이다. 다시 말해 예전의 당신 마음자세의 결정체가 바로 현재의 당신이다. 그렇다면 미래의 당신은 현재 당신이 갖는 마음자세의 산물이 되는 셈이다.

'예를 들어 지금 현재 성공한 사람이나 뜻한 대로 되지 않아 고심하는 사람이나 과거 당신 마음자세의 집합체다.'

마음자세란 망망대해를 항해할 때 필요한 노와 같다. 마음의 노를 어느 방향으로 어떻게 저었느냐에 따라 당신이 도착해야 할 목적지가 결정된다.

<u>잠재의식은 당신의 겉치레에 현혹되지 않고</u>
<u>본심에 충실할 뿐이다.</u>

10_
상상 없이는 창조도 없다

바람직한 마음자세를 갖는 데 필요한 것이 바로 상상력이다. 상상력은 잠재의식을 활용하는 데 없어서는 안 될 중요한 행위다.

"마음속에 품고 있는 현재의 상념 그대로가 당신 자신입니다. 무엇을 생각하고 무엇을 상상하느냐에 따라 당신의 인생이 결정됩니다"라고 괴테는 말했다.

운이 나쁘고 재능도 없고 게다가 노력도 하지 않았기 때문에 현재의 뜻하지 않은 나쁜 결과를 부른 것이 아니다. 또한 반대로 운이 좋고 재능도 있으며 게다가 열심히 노력했기 때문에 현재의 성공을 이룬 것이 아니다. 중요한 것은 그 사람이 무엇을 끊임없이 상상했는가에 달려 있다.

사람은 누구나 무언가를 상상할 때 먼저 마음속에 그림을 그린다. 예를 들어 차를 가지고 싶은 사람은 자동차를, 집을 가지고 싶은 사람은 집을……. 인간의 욕망이나 욕구는 이러한 영상화에 따라 지속된다고 할 수 있다.

생각지도 않은 일이란 절대 일어나지 않는다. 그리고 이런 상상이 창조로 이어진다. 양자의 관계는 '상상 없이는 창조도 없다'라는 말을 들을 정도로 아주 밀접하다. 그래서 잠재의식을 활용하기 위해서는 먼저 상상을 해야 한다.

인간의 행위는 모두 상상 → 행동 → 창조의 과정을 거친다. 상상은 희망이자 욕구이며 출발점이다. 또 계획이며 목적이 된다. 상상을 잘 하는 사람은 그것이 잠재의식에 각인되면서 머지않아 현실로 나타난다.

따라서 상상을 하되 제대로 하는 것이 무엇보다 중요하다. 불평불만이나 유쾌하지 않은 일을 머릿속에 가득 쉬어넣으면 그러한 인생이 당신을 찾아올 수밖에 없다. 즐거운 일을 하는 자신의 모습, 살아가는 보람을 느끼며 충만한 시간을 보내는 자신을 상상하기 바란다. 그러면 반드시 그러한 상태나 상황이 당신을 찾아오기 때문이다.

<u>생각지도 않은 일이란 절대 일어나지 않는다.</u>

11_
상상을 가로막는 경험과 지식

상상력이 아무리 중요하다고 해도 자신이 원하는 대로 상상이 되지 않으면 아무것도 이룰 수 없다. 그런 점에서 상상을 가로막는 게 무엇인지를 알아둘 필요가 있다.

상상력을 막는 것은 이성이며 때로는 감정이다. 이성은 자유로운 상상을 방해하곤 한다.

예컨대 어떤 일과 관련하여 이성적으로 판단하면 열 명 가운데 열 명 모두가 '도저히 이루어질 수 없다'고 말한다. 어째서 모두가 그렇게 말하는 것일까? 이번에는 똑같은 질문을 어린아이에게 했을 때는 사뭇 다르다. "그건 이루어질 수 있어요"라는 말을 들을 수 있다. 설사 그러한 판단을 제대로 하지 못하는 어린아이라도 "그렇게 된다면 정말 좋겠어요"라고 말할 것이다.

　무엇인가를 바라면서 '그것은 이루어질 수 없을 것이다'라고 생각하는 이유는 대부분 과거의 경험에 얽매여 있기 때문이다. 과거를 돌이켜보면 자신이 실패했거나 주변에서 이루지 못한 사실들을 보았기 때문에 부정적인 영향을 미친 것이다.

　또한 지식이나 정보도 부정적인 판단을 내리는 데 영향을 미칠 때가 많다. 이것도 지식이나 정보가 부정적인 판단을 내리도록 만드는 게 아니다. 사실은 객관적인데 단지 판단을 내리는 개인의 마음이 부정적인 생각에 사로잡혀 있기 때문이다.

　인간은 언제나 불안이나 걱정에 사로잡혀서 부정적인 상상을 한다. 그런데 문제는 부정적인 상상으로는 절대로 원하는 상상을 하지 못한다. 그 이유는 사실이나 정확한 판단이 아닌 과거의 경험이 자유로운 상상을 차단하기 때문이다.

　그렇다면 본래부터 인간이란 경험에 의존하는 동물이 아닐까? 또 실제로 과거의 경험이 미래에 도움이 된다고 인정해야 하지 않을까? 그런데 사실은 도움이 된다고 한다면 성공한 경험뿐이라고 해야 할 것이다. 실패한 경험을 지나치게 부풀려 생각하는 것은 결코 좋지 않다.

　대부분 경험을 판단하는 주체는 이성이다. 물론 일상생활에서는 경험이 매우 중요하다.

예를 들어 자동차 운전 기술은 경험이 매우 중요하며 그것은 항상 이성적으로 판단되어야 한다. 하지만 자동차를 개량하는 발상이나 아이디어는 이성이 아닌 희망적인 상상력이 무엇보다 먼저 필요하다.

<u>성공의 황금률에는 이성보다 상상이 더 중요하다.</u>
<u>상상 없이 인류의 진보나 발전은 있을 수 없었다.</u>

12_
성공과 실패는 마음속에서 결정된다

성공이든 실패든 모두 당신의 마음속에서 원인을 찾을 수 있다. 그렇기 때문에 성공하기 위해서는 외부 환경에 사로잡히는 일 없이 자신의 마음을 먼저 들여다 볼 줄 알아야 한다.

머피 박사는 다음과 같이 말한다.

"당신이 정신의 눈을 뜨고 자신의 내부에 있는 무한한 보물을 본다면 자신의 주위에 무한한 부가 있다는 사실을 알게 됩니다. 당신의 내부에는 금맥이 있고 필요한 물건은 무엇이든 꺼낼 수 있어 인생을 멋지게, 즐겁게, 풍요롭게 보낼 수 있습니다."

만약 자신에게 많은 은행 예금이 있음을 알지 못한다면 당신은 자신이 곤란한 상황에 처했을 때 불안하고 걱정될 것이다. 하지만 그 사실을 알고 있다면 모든 문제가 해결된다.

우리는 인생에서 풍부한 은행 예금을 가지고 있다는 사실을 깨닫지 못한 채 쓸데없이 걱정하고 불안해할 때가 많다.

성공으로 가는 길에 불안이나 걱정은 부정적인 요소다. 그 부정적인 요소를 부여잡은 탓에 흔치 않은 기회를 놓칠 때가 종종 있다. 아무리 좋은 기회를 만나도 '실패하지 않을까?', '그렇게 좋은 일이 내게 일어날 리 없지', '이건 함정일 거야'라고 생각한다면 그 사람의 인생에 성공이란 있을 수 없다.

성공한 사람들은 태어나면서 자신이 승리를 쟁취하고 성공할 것이란 사실을 알고 있다. 황금률을 아는 것이다.

"제가 성공하려면 어떤 자질이 필요합니까?"

이런 질문을 하는 사람이 있다. 그런 사람은 잠재의식의 존재를 제대로 인식하지 못하고 있고, 또한 활용법을 모르고 있다.

성공하려면 새로운 힘이나 재능이 필요한 게 아니다. 그런 것들은 누구나 이미 태어나면서부터 가지고 있다. 새삼스레 그것을 얻으려 노력할 필요가 없다.

문제는 그것을 어떻게 끄집어내느냐다. 당신 명의로 된 은행 예금이 있어도 이를 찾을 방법을 알지 못한다면 돈을 쓸 수 없지 않은가? 잠재의식도 마찬가지다. 우주를 지배하는 법칙을 이해하고 그것을 활용하는 방법을 알아야 한다.

우리의 마음에는 전혀 다른 두 가지 기능이 있다. 머피 박사는 그것을 '마음의 이중성'이라 부른다.

그렇다면 이 마음의 이중성을 우리는 어떻게 해석하며 받아들여야 하는가? 먼저 '자신의 마음을 마치 집안의 정원을 바라보듯이 바라볼 줄 알아야 한다'고 머피 박사는 말한다.

당신이 정원사가 되었다고 가정하고 자신의 마음속 정원을 바라본 다음 원하는 대로 꾸미려면 어떻게 해야 할지를 생각하라는 뜻이다.

지금 그 정원에는 풀과 꽃들이 메말라 있을지 모른다. 그런 상태를 당신은 과연 어떻게 가꾸어 나가겠는가.

먼저 자신의 마음에 드는 정원수나 풀꽃을 심고 돌을 배치하고 연못을 만든 뒤, 사철마다 각각 다른 경치를 연출하고 싶어 할지도 모른다.

그렇게 성공이란 마음에 드는 정원을 만드는 일이다. 그렇게 하려면 어떻게 정원을 새롭게 다시 만들 것인지, 당신의 마음 상태를 어떻게 변화시킬지를 먼저 생각해야 한다.

<u>성공을 원한다면 자신의 내면부터 들여다보자.</u>
<u>그 내면 속에 아름다운 정원을 만들어보자.</u>

13_
자신에게 솔직해질 때 성공할 수 있다

외모, 허영, 체면, 정보, 지식, 체험 등에 둘러싸여 있으면 인간은 자신의 힘을 제대로 발휘하지 못한다. 자의식이 이긴 상태에서 잠재의식은 제대로 작용하지 않기 때문이다.

그렇다면 잠재의식의 힘을 제대로 발휘할 수 있을 때는 언제인가! 그것은 자의식에서 완전히 자유로워졌을 때다. 즉 '무아몽중(無我夢中)' 혹은 '일심불란(一心不亂)'의 상태로 자기도 모르게 에너지가 샘솟는 때다. 잠재의식이 만드는 에너지가 바로 이런 것이다. 뛰어난 인물이 목표를 성취했을 때 예외 없이 이러한 에너지가 힘을 발휘했다.

이성적이고 상식적인 상태보다 감정적이고 비상식적으로 보이는 상태에서 그 사람의 진정한 자질이나 능력이 더 잘 발휘된다. 남도 예측할 수 있고 자신도 인식할 수 있는 사고나 행동은 일상생활에서는 가치가 있을지 모르지만, 큰 성공을 거두는 데는 별 도움이 되지 못한다.

잠재의식을 좀 더 능률적으로 활용하려면 '자신의 본심을 바라볼 줄 아는 것'이 매우 중요하다.

그럼 어떻게 하면 자신의 본심을 볼 수 있단 말인가?

그것은 마음을 발가벗기는 것이다. 발가벗은 마음이 허례허식에서 해방된 자신의 본심이기 때문이다.

인간의 마음에는 네 가지 창이 있다. '투명한 창', '가려진 창', '위선의 창', '어둠의 창'이 바로 그것이다.

투명한 창이란, 밖에서 보았을 때 내부가 보이는 창을 이른다. 즉, 당신의 마음 상태를 남도 잘 이해할 수 있는 상태다. 물론 이 마음은 당신 스스로도 잘 인식하고 있다.

가려진 창은, 창에 커튼이 드리워지면 외부에서 들여다볼 수 없다. 당신은 내부 상황을 잘 알고 있지만 남은 잘 알 수 없는 상태를 말한다.

위선의 창이란, 맹목적인 사람은 스스로의 힘으로는 외부 세계를 볼 수 없다. 당사자는 눈치 채지 못하지만 남의 눈에는 잘 보인다. 가려진 창의 반대되는 상태라 하겠다.

어둠의 창이란, 남도 자신도 잘 들여다 볼 수 없는 창이다. 무의식의 세계, 마음 깊은 곳에 위치한 잠재의식을 말한다. 이 창은 보통의 상태에서 누구도(당사자도) 들여다보거나 파악할 수 없다. 하지만 꿈이나 최면 상태에서는 들여다볼 수 있다.

인간은 누구나 이 네 가지 마음의 창을 가지고 살아간다. 투명한 창은 원만한 인간관계와 건전한 사회생활에 매우 중요하다. 하지만 인간은 이 창만으로 만족할 수 없다. 남에게 알리고 싶지 않은 마음의 움직임이 실제로는 커다란 부분을 차지하기 때문이다. 따라서 가려진 창도 인간에게 없어서는 안 된다.

그리고 아무리 자신에 대한 분석이 뛰어난 사람이라도 위선의 창이 없다고 말할 수는 없다. 또한 심리학자가 학문의 대상으로 삼는 부분, 정신분석의가 치료하는 부분에 어둠의 창이 있다. 게다가 인간에게는 자신도 타인도 잘 알지 못하는 마음이 있다. 이 어둠의 창 심연에 바로 인간의 잠재능력이 숨어 있다. 자신의 본심을 알려면 이 네 가지 마음 상태를 철저히 분석해야 한다. 그러면 당신이 진정으로 무엇을 바라고 있고, 또 그것을 위해 어떤 일을 해야 하는가를 정확히 알 수 있기 때문이다.

<u>인간은 누구나 네 가지 마음의 창을 가지고 살아간다.</u>

14_
가난해도 부자의 줄에 서야 하는 이유

　자신의 본심이 어떤 상태인지 파악할 수 있다면 성공을 바라는 당신은 이미 성공으로 가는 첫 발을 내디뎠다고 할 수 있다.
　이제부터 당신이 해야 할 일은 잠재의식을 훌륭하게 활용하고 오로지 목적지에 도달하기 위한 노력을 게을리하지 않는 것이나. 그렇다면 구체적으로 무엇을 어떻게 하면 좋을까?
　여기서 끼리끼리 법칙을 상기할 필요가 있다. 끼리끼리 법칙이란 같은 기질, 성격, 상황의 사람들은 서로 모이게 된다는 사실을 이르는 말이다. 이 법칙을 결코 가벼이 보아서는 안 된다.
　예컨대 형무소에는 범죄자들이 많이 수용되어 있다. 그런데 사회에서 형성되는 여러 부류의 인간 집단을 보면 이 형무소와 닮은 점이 있다. 농업이나 어업에 종사하는 사람들이 의사를 만나는 것은 병에 걸렸다든지 다쳤을 때지만 의사나 의료 관계자들은 일 년 중에 많은 시간을 자신과 같은 유형의 사람과 만난다.

자연계에서도 금맥이나 광맥, 석유, 혹은 석탄과 같은 자원은 일정한 지역에 편중되어 있다. 똑같은 성질의 사물이 모이는 것은 자연계의 법칙 가운데 하나라고 하겠다. 인간에게도 예외 없이 이 법칙이 적용된다고 해도 별 무리가 없어 보인다.

도박을 좋아하는 사람에게는 도박에 빠진 사람이, 술을 좋아하는 사람 주위에는 술꾼이, 병자의 주위에는 몸이 약한 사람이 모인다. 이런 식으로 우리 주변의 환경이 만들어지고 우리가 그것을 의식하든 못하든 상관없이 우리는 그 환경의 영향을 받고 있다.

항상 실패하는 사람에게는 실패자가 모여든다. 항상 불평불만을 토로하는 사람에게는 그런 사람이 주변에 꼬인다. 반대로 성공한 사람 주위에는 성공한 사람이 모여든다.

그렇다면 지금 당신은 과연 어떤 유형의 사람들과 함께하는지 자신의 주변을 돌아보자.

그런데 한 가지 문제가 있다. 만약 당신이 지금까지 계속해서 실패를 경험했다면 끼리끼리 법칙에 따라 당신 주위에도 똑같은 상황의 사람만 있어야 된다. 또 당신이 경제적으로 곤란한 상황에 처했다면 성공한 사람과 사귀는 일은 매우 어렵게 된다.

하지만 그런 식으로라면 언제까지나 당신의 주변은 바뀌지 않고 물론 현실을 타개할 방책도 없을 것이다.

그렇다면 아무런 대책도 없다는 말인가?

그렇지 않다. 방법이 있다. 또한 매우 간단하다. 당신 자신이 변하면 된다. 그렇게 하면 끼리끼리 법칙은 당신에게 가장 바람직스러운 방향으로 작용하기 시작한다.

실제로 타인을 바꾸기란 쉽지 않다. 타인에게 바람직한 영향을 끼치는 일이란 매우 어렵다. 게다가 그것이 계산적이라면 좀처럼 잘 되지 않는다. 상대를 어렵게 바꾸려는 것보다는 당신 스스로가 변화하면 성공한 사람들과 함께 어깨를 나란히 할 수 있다.

부자가 되려면
부자와 어울릴 수 있는 사람이 되는 것이 먼저다.

15_
자신을 변화시키는 기술

머피 박사가 자신을 변화시키는 방법과 관련해 매우 흥미로운 사례를 내놓았다.

카르소라는 아주 유명한 오페라가수가 있었다. 어느 날 그가 무대에 오르려 했을 때 일어난 일이다.

갑자기 그의 머릿속에서 '나는 실패할 거야. 그러면 모두 나를 보고 비웃겠지?'라는 생각이 들기 시작하면서 엄청난 공포감이 밀려들었다. 그러자 목 주위 근육에 경련이 일어났고 줄줄 흐르는 식은땀에 도저히 무대에 오를 상황이 아니었다. 그때 그는 외쳤다.

"작고 보잘 것 없는 내가 커다란 나를 목 졸라 죽이려 한다."

그는 필사적으로 그가 처한 어처구니없는 상황에서 탈출하려고 자신에게 속삭였다.

"작고 보잘 것 없는 나란 존재여! 어서 빨리 내 몸에서 나가거라! 커다란 내가 지금부터 노래를 부르려 하지 않느냐!"

그 말을 몇 번이고 반복하는 사이에 그는 마음의 평정을 되찾을 수 있었고 무대에 설 수 있게 되었다고 한다.

"당신이 의식하는 마음(작은 나)이 공포나 걱정 혹은 불안으로 가득할 때는 당신의 잠재의식(커다란 나)도 그에 따라 반응하게 됩니다. 잠재의식은 현재의식을 따르기 때문입니다. 그래서 의식하는 마음을 항상 잠재의식이 좋은 방향으로 나아가도록 만들어야 합니다. 그 열쇠가 되는 것이 바로 당신의 현재의식입니다."

머피 박사의 이 충고는 매우 중요하다. 일반적으로 잠재의식 이론을 배운 사람은 현재의식을 경계하기 십상이다. 하지만 이는 커다란 실수다. 잠재의식을 훌륭하게 활용하려면 현재의식의 힘을 빌려야 하기 때문이다.

그렇다면 현실이 그다지 좋지 않은 상황인데 어떻게 자신을 변화시킬 수 있을까? 그 기술은 바로 '~하지 않은 듯이 행동하는' 것이다.

만약 자신이 지금 실연을 당해 괴로운 상황이라면 마치 그런 일이 없었다는 듯이 행동하고, 슬픈 일을 당했으면 슬프지 않은 듯이 행동하며 웃어 보이는 일이다. 지금 경제적으로 곤란하더라도 마치 풍요로운 삶을 살고 있듯이 행동하는 것이다.

이는 얼핏 어린아이를 달래려는 어설픈 속임수 같아 보이지만 결코 그렇지 않다. 바람직하지 않은 심리적 상태나 상황을 타개해 나가려면 무엇보다 이 방법이 가장 효과적이다.

그 근거로 마음과 신체의 상태가 밀접하게 연결되어 있다는 사실을 들 수 있다.

불교 용어 중에 '색심불이(色心不二)', '심신일여(心身一如)'라는 말이 있다. 즉, 마음이 슬퍼지면 얼굴 표정도 태도도 모두 슬퍼진다는 뜻이다. 행동도 자연스레 소극적으로 변한다.

그리고 스트레스에 관한 학설 가운데도 '마치 그런 듯이 행동하면 결국은 그렇게 된다'고 설명하고 있다.

슬프다고 해서 울고만 있으면 더 슬퍼진다. 슬프더라도 애써 웃는 얼굴을 지어 보이면 현실은 자연스레 그쪽으로 쏠려 결국에는 밝은 마음을 되찾을 것이다.

<u>행복한 것처럼 행동하면 결국은 행복해진다.</u>

Part 03.
행복한 부자가 된다

부의 황금률

01_
부는 자기 안에 있다

오늘날의 부(富)라 하면 곧 돈을 떠올린다. 꼭 돈 그 자체를 지칭하지 않더라도 돈으로 환산할 만한 가치가 있는 것이 부다.

그리고 부를 더 많이 소유한 사람을 흔히 '부자'라고 한다. 물론 틀린 말은 아니다. 하지만 그것만으로 부를 지칭한다면 부를 축적할 수 있는 사람은 그리 많지 않다. 또한 물질적인 부의 양이란 한도가 있기 때문에 그것을 사이에 두고 서로 치열하게 싸워 이기는 사람만이 부를 축적하고 나머지 사람들은 빈곤을 감수해야 한다.

머피 박사는 다음과 같이 말한다.

"인간은 누구나 부자가 될 권리를 가지고 태어났습니다."

그러나 이 말은 가난한 사람들에게는 허무한 얘기이거나 혹은 위로로밖에 들리지 않는다.

하지만 그렇지 않다. 머피 박사는 다시 말한다.

"당신이 이 세상에 태어난 것은 인생의 여러 분야에서 멋진 삶을 살고 자신에게 주어진 생명력을 충분히 발휘하기 위해서입니다. 당신은 행복하고 기쁨에 넘친 풍요로운 생활을 영위할 수 있습니다. 주위를 살펴보면 부는 널리 존재하고 있습니다. 그 무한의 보고(寶庫)가 당신 자신의 잠재의식 깊은 곳에 숨어 있다는 사실을 깨달아야 합니다."

흔히 우리가 상상하는 부와 박사가 말하는 부는 다른 것일까? 그것은 다르다고도 또 같다고도 할 수 있다.

돈, 토지, 주식, 채권도 부이지만, 물도 공기도 태양도 산도 바다도 수목도 풀과 꽃들도 모두 부이기 때문이다. 이 대자연은 모두 부이며 그 은혜를 충분히 받고 있는 사람은 부자인 것이다.

<u>대자연이 부이고,</u>
<u>그 대자연의 축복을 받은 사람은 부자다.</u>

02_
누구나 부자가 될 권리가 있다

인간은 누구나 부자가 될 수 있다. 그것이 인간이 가진 당연한 권리이기 때문이다. 우리에게 필요한 모든 것을 제공해주는 것은 대자연의 힘이다. 대우주의 법칙은 그러한 시스템으로 만들어져 있다.

단지 문제가 된다면 그것을 손에 넣는 방법이라 하겠다. 가지가 휠 정도로 가득 열린 열매도 그것을 딸 수 있는 방법을 생각하지 않고 또 딸 생각도 하지 않으면 절대로 먹을 수 없다. 부도 마찬가지다. 부에 아무런 흥미가 없거나 처음부터 포기한다면 부는 절대로 당신의 손에 들어오지 않는다.

반대로 당신이 자신에게 부를 모을 권리가 있음을 깨닫고, 그것을 정당하게 요구한다면 부는 곧 자신의 것이 된다.

　잠재의식은 부를 축적할 수 있는 유일하고 확실한 방법이다. 대우주의 법칙이 있듯이 부에 도달하는 데도 법칙이 있다. 그 첫 번째 법칙이 '나는 풍요로운 삶을 살도록 태어났다'고 믿는 일이다. 그리고 목표를 향해 흔들림 없이 나아가면 된다.

　우리는 모두 실질적인 문제로 부를 얻기 위해서는 남다른 노력과 행동이 필요하다고 생각한다. 하지만 그 전에 자신의 권리를 자각할 필요가 있다. 일정한 나이가 되면 선거권이 주어지듯이 우주는 우리에게 부자가 가 될 권리, 부유권(富裕權)을 주기 때문이다.

<u>잠재의식은 부를 축적할 수 있는 가장 확실한 방법이다.</u>

03_
가난은 일종의 병이다

많은 사람의 편견 가운데 하나가 부와 관련된 것이다. 물론 그렇게 생각하는 것도 무리는 아니다. 이 세상에는 부자보다 가난한 사람이 훨씬 더 많기 때문이다.

부에 대한 잘못된 편견은 다음의 말에서 찾아볼 수 있다.

'부는 타인에게서 훔치는 것이다.'

'청렴결백한 사람이 훌륭한 사람이다.'

그렇다면 도대체 가난이란 무엇일까? 머피 박사는 '가난은 일종의 병'이라고 말한다. 이 말이 가난의 본질을 가장 정확히 꿰뚫는다고 말할 수 있지 않을까? 즉, 가난은 아름답지도 않고 정의도 아닌, 정말 아무것도 아니다. 그러한 생각은 부를 이룬 일부 사람들의 교만함에 대한 비판이기도 하고, 바라던 것을 얻지 못한 사람들이 이에 대한 보상심리에서 생각해 낸 정신적 피난처이기도 하다. 인간은 본래 건강함을 추구하는 존재다. 그래서 병에 걸리면 이를 고치려 한다. 그것이 자연스런 행위다.

그렇다면 가난이 병이라 하니 그것을 빨리 고칠 필요가 있다. 과연 치유할 방법이 있을까?

바로 잠재의식의 힘을 활용하는 것이다. 가난이라는 병은 잠재의식을 활용하는 것 말고 다른 확실한 방법이 없다. 또 그렇게 하려면 부에 대한 편견을 없애고 가난과 절연하도록 기원해야 한다. 부를 좇는 것을 부정적으로 보는 사람도 있다. 실제로는 돈벌이나 세속적인 성공을 바라면서 자신은 그따위 일에는 초연하다는 듯 행동하는 이들이 적지 않은 이유도 그 때문이다. 이런 태도가 잠재의식에 각인되면 어떻게 되겠는가? 돈과는 연이 없는 인생이 계속될 수밖에 없다. 물론 그러기를 바라는 사람은 아무도 없을 것이다. 게다가 오늘날과 같은 경제사회에서 부란 좋은 일들을 참으로 많이 누리게 해준다. 그것을 추구하는 것은 극히 자연스런 행위다.

<u>돈을 벌기 위해 인간은 두뇌를 가졌고,</u>
<u>돈을 쓰기 위해 인간은 마음을 가졌다.</u>

04_
부도 좋아하는 사람에게만 다가온다

누구든지 싫은 사람은 만나고 싶지 않은 게 인지상정이다. 상대방도 자신을 싫어한다는 사실을 알면 역시 당신과 만나고 싶어 하지 않을 것이다. 부도 마찬가지다. 가난한데도 돈에 초연한 듯, 혹은 천시하는 사람에게는 절대로 돈이 붙지 않는다. 부에 도달하기 위한 법칙이란 부를 좋아하는 일이다.

사람도 좋아하게 되면 자꾸 만나고 싶어지지 않는가. 만날 방법을 생각해보고, 만나서 보내게 될 즐거운 한때를 상상하게 된다. 어떻게든 부와 친해지려 애써야 한다. 어떻게 하면 사이좋게 지낼 수 있을까? 머피 박사의 의견을 들어보자.

"부에 가까이 다가서기 위한 첫걸음은 자신에게 무엇이 필요한

지 이리저리 생각해보아야 한다. 그리고 자신이 무엇을 필요로 하는지 깨닫는다면 그것은 채워질 것입니다."

남편을 잃은 지 얼마 되지 않은 한 부인이 있었다. 그녀는 남겨진 세 아이를 데리고 어떻게 살아가야 할지 몰라 막막했다. 남편 앞으로 들어둔 생명보험도 없었고, 통장의 잔액도 겨우 오백 달러밖에 남지 않았다. 게다가 집조차 저당 잡힌 상태였다. 장례 비용마저도 지인들에게 돈을 빌려 겨우 치를 정도였다. 더욱 문제인 것은 앞으로 부인은 혼자 힘으로 세 아이를 양육해야 했다. 이 부인의 앞날은 그리 밝지 않았다. '앞으로 어떻게 살아가야 하나.' 부인은 걱정이 앞설 수밖에 없었다. 그때 이 부인은 머피 박사의 강연 내용을 떠올렸다.

그 강연에서 박사는 이런 말을 했다.

"당신이 자신의 내부에 존재하는 무한한 힘을 믿고, 원하는 것은 반드시 이루어진다는 확신과 함께 끊임없이 당신의 소망을 기원한다면, 잠재의식은 틀림없이 그에 대한 답을 줍니다."

부인은 그 자리에서 마음으로 기도하기 시작했다. 그러자 그때까지 불안하기만 하던 기분이 사라졌고 마음에 평화가 가득 자리 잡기 시작했다. 바로 그때 죽은 남편의 형이 찾아와 그녀에게 다음과 같이 말했다.

"저는 제수씨가 지금 한창 어려울 때라는 사실을 잘 압니다. 거기에는 동생의 낭비벽도 크게 한몫 했다는 사실도요. 그래서 앞으로의 생활과 아이들 교육에 지장이 없도록 제가 책임지고 돌보아 드리겠습니다."

그렇게 말한 그는 10만 달러 수표를 건네주었고 앞으로도 주마다 일정한 금액을 받을 수 있도록 조치를 취해놓았다고 했다.

이것은 결코 우연이 아니다. 부인이 '진심으로 원하면 이루어진다'는 진리를 믿었기에 문제가 해결되었다고 머피 박사는 말한다. 당신은 과연 이 이야기를 어떻게 받아들이겠는가?

이런 사례는 잠재의식의 이론을 알고 있는 사람들에게는 자주 일어나는 일이다. 그것은 남에게서 부여받을 수 있는 일이 아니다. 자신의 내부에 존재하는 무한한 보물 속에서 이끌어낸 것이다. 그렇지만 실제로는 많은 사람이 그 보물을 이끌어내는 방법을 모르고 있다. 잠재의식이라는 예금통장을 가지고 있다는 사실을 까맣게 잊고 있기 때문이다. 그것을 빨리 기억 속에 떠올리는 일이 부에 가까이 다가서는 첫걸음이다.

<u>돈을 좋아해야 돈도 나를 좋아한다.</u>

05_
슬럼프를 이겨낸 영업사원과 변호사

한 영업사원이 있었다. 그는 실적이 오르지 않아 걱정이 많던 참이었다. 게다가 부채도 있었다. 고민을 거듭하던 그가 결국 머피 박사를 찾아와 도움을 청했다. 그와 많은 이야기를 나누는 사이에 박사는 다음과 같은 사실을 알았다.

그는 자신의 실적이 떨어지기 시작하면서 다른 사람의 실적이 궁금해졌다. 게다가 그들을 질투와 시샘의 눈초리로 보면서 항상 초조하고 불안하여 어찌할 바를 몰랐다. 그런 사실을 알게 된 박사는 다음과 같이 충고했다.

"당신이 버리지 못하는 질투와 시샘이 당신 자신을 가난하게 만들며 결핍을 초래합니다. 지금 당장 당신이 해야 할 일은 실적이

좋았을 때의 당신 모습만을 상상하는 것입니다."

예전에 그는 성격이 매우 밝았고, 동료들을 각별하게 배려했다. 박사의 충고대로 그는 타인의 실적을 부러워하지 않게 되었고 자신감을 가지고 자신의 일에만 매진했다. 그 후에 그는 예전과 같이 뛰어난 실력을 갖춘 영업사원의 모습으로 되돌아온 것이다.

이런 예도 있다. 어느 젊고 유능한 변호사가 슬럼프에 빠졌다. 그는 중대한 소송에서 계속 실패해 우울증에 시달렸고 그때부터 무엇을 해도 잘 되지 않았다. 결국 경제적으로도 곤경에 빠졌다.

박사는 그 젊은 변호사에게 말했다.

"당신이 머릿속에서 생각하는 일은 모두 실현됩니다. 좋은 일이든 나쁜 일이든 상관없이요. 당신이 습관처럼 생각한 일이 곧 현재를 만들었다는 사실을 잊지 마세요"

박사의 말에 그는 진실이 무엇인지 깨달았다. 그리고 다음과 같이 말했다.

"지금까지 오랜 시간을 저는 아무것도 할 수 없을 것이라는 사실만 생각했습니다. 자신감을 잃었던 거죠. 지금까지 내가 생각했던 대로 되었습니다. 박사님 말씀처럼 이제부터 제게 희망을 줄 수 있는 일만을 생각해보겠습니다."

그때부터 그는 이렇게 생각했다.

'내가 하는 모든 일은 잘 될 것이다. 나에게 일을 맡기는 의뢰인은 나로 말미암아 행복해지고 나는 그 모습을 보면서 더욱 기쁘게 일에 열중할 수 있을 거야. 이제 마음의 법칙을 터득한 나는 절대로 좌절하는 일이란 없어.'

그리고 모든 일이 그의 생각대로 되었다.

<u>좋은 일이든 나쁜 일이든
자신이 습관처럼 생각한 일이 곧 현재를 만든다.</u>

06_
부자에게 부가 더 쌓이는 이유

잠재의식의 힘은 참으로 놀랍다. '나는 부자가 될 수 있다'와 '나는 가난한 집에서 태어났으니 평생 가난하게 살아가겠지?'는 단지 생각이 다를 뿐인데도 하늘과 땅만큼의 커다란 차이가 되어 현실로 나타난다.

부자가 더욱 부를 쌓고 가난한 사람은 언제까지나 가난에서 벗어나지 못하는 이유는 바로 이러한 생각의 차이 때문이다.

사실 우리의 머릿속에서 항상 떠나지 않고 맴도는 의문이 있다. 다음과 같은 것들이다.

'왜 부자들이 더 많은 부를 쌓는 걸까?'

'어떻게 하면 나도 부자 대열에 낄 수 있을까?'

단지 생각의 차이라고 말하기에는 충분히 납득되지 않는 부분이 있다. 하지만 머피 박사는 말한다.

"부와 성공을 쟁취하고 싶나요? 그렇다면 부와 성공이라는 낱말을 자주 반복하세요."

정말 간단한 말처럼 들린다. 하지만 많은 사람은 날마다 그저 염불 외우듯 반복한다고 해서 바라는 일들이 실현될 리 없다고 생각한다. 물론 그렇다.

하지만 잠시 생각해보자. 정말 간단할까? 간단하다고 쉽게 속단하기에는 이런 일들이 오히려 복잡한 일보다 더 실행에 옮기기 어려운 법이다. 빈곤해지면 둔해진다는 말이 있는데 정말 그렇다. 우리의 마음이란 게 무언가 곤란에 처하거나 불쾌한 일을 만나면 오직 거기에만 몰두하여 다른 좋은 일이 있어도 전혀 생각하려 하지 않는 경향이 있기 때문이다.

그래서 앞에서 말한 것처럼 눈앞에 만 원이란 돈이 있을 때, '만 원이나 있다'가 아니라 '만 원밖에 없다'고 생각하는 사람이 훨씬 더 많은 것이다.

그리고 타인의 성공이나 부를 질투하고 시샘하려 한다. 엄밀히 따지자면 자신과 아무런 관계가 없는데도 괜스레 마음속에 끌어들여 스스로 불쾌감을 자초한다. 또한 그러한 자신이 만족스럽지 못하면서도 그것은 당연하다며 무리하게 납득시키려 한다. 자신은 운이 없다고 한탄하면서 말이다. 결국 이러한 행동은 부와 성공이 자신에게서 멀어지게 만들 뿐이다.

이를 방지하려면 잠재의식에 지금 내가 원하는 것이 무엇인지, 또 내가 그것을 원하는 이상 대자연의 법칙에 따라 반드시 실현되리라는 사실을 각인시켜야 한다.

"당신의 잠재의식 속에 존재하는 무한한 지성은 당신이 할 수 있는 일만을 당신에게 시킵니다. 그렇기에 당신의 사고방식이나 느낌이 당신의 운명을 좌우하는 것입니다."

자신의 마음속에 내재하는 잠재의식이 자신이 요구하는 모든 것에 순수하게 응해준다는 사실을 믿기만 한다면 어떤 요구든 그것은 모두 실현된다.

<u>'나는 부자다'라는 말을 습관처럼 되뇌면 정말 부자가 된다.</u>
<u>잠재의식이 그 말을 현실로 만들어주기 때문이다.</u>

07_
가장 '미개발된 곳은 인간의 마음'이다

"인간이 사는 세상에서 가장 시대에 뒤떨어진 것은 바로 인간이다"라고 말한 사회학자가 있다.

"세상에는 아직도 미개척지가 있다. 한편 인간은 문명을 개발하고 하루하루 진보한다. 그리고 오늘날 과학 기술은 눈부시게 발전했다. 그런데 깨닫지 못하겠지만, 사실 시대에 가장 뒤떨어진 것은 바로 인간의 마음속이다."

이 말은 참으로 의미심장하다. 다시 말해 인간은 한 사람 한 사람이 무한한 가능성을 가진 존재임에도 그 사실을 제대로 깨닫지 못하며 제대로 활용하지 못하고 있다는 뜻이다.

심리학자인 윌리엄 제임스는 다음과 같이 말했다.

"인간이란 동물은 마음자세에 따라 어떻게든 변할 수 있다. 인간은 마음자세 그 자체인 것이다."

또한 머피 박사는 성서를 인용하여 다음과 같이 말했다.

"만약 당신이 황금률에 대한 믿음을 가질 수만 있다면, 그 사람에게는 모든 일이 가능합니다."

근대 문명은 하루가 다르게 발전을 거듭하지만 그것들은 '더 빨리, 더 많이, 더 안전하게, 더 쾌적하게'라는 물질적인 범주에 그치고 있을 뿐이다. 정작 중요한 인간의 마음은 몇 천 년 전과 비교했을 때 그다지 발전하지 못했다.

아주 오래 전에도 뛰어난 인물들이 많았다. 그 시대는 오늘날처럼 정보가 풍부하지 않았고 생활 수준도 대부분 옹색하기 그지없었다. 하지만 그들도 대자연 속에서 어떻게 살아갈 것인지를 생각했을 것이고 인간의 마음속에 내재한 잠재의식 이론을 발견한 이들은 자신이 바라던 대로 풍요로운 삶을 살았을 것이다.

오늘날은 생존권, 일할 권리, 참정권 등이 인정되고 있고 먹을거리 걱정도 거의 없다. 자연에 존재하는 모든 것이 부라 한다면 아마 지금처럼 효율적으로 사용한 시대도 없다. 그리고 지금 모두가 그 혜택을 받고 있다. 예로 식량 하나를 보더라도 가난과 굶주림에 허덕이는 국가가 있기는 하지만 다행스럽게도 우리나라에서는 그렇지 않다. 이것 하나만 보더라도 역사에 길이 남을 행복한 존재가 바로 우리란 생각이 든다.

어떻게 이런 시대가 도래했을까? 바로 인간에게 문명이 존재했기 때문이다. 문명은 인류의 발전을 시간적인 면에서 크게 앞당겼음을 부정하기 어렵다. 인간은 지난 1세기 동안 부를 만들어 내는 일에 천재적인 능력을 발휘했다. 그것이 오늘날의 쾌적하고 안전한 사회를 구성한 기반이 되었음은 물론이다.

그런데 그에 비해 인간의 마음은 시대 발전을 제대로 따라가지 못했다. 마차를 시작으로 고속도로를 질주하는 자동차 시대, 하늘을 날고 우주로 향하는 시대로 변모했지만, 마차 시대를 살던 인간과 지금 시대를 살아가는 인간을 비교했을 때 과연 무엇이 어떻게 달라지고 얼마만큼 진보했는지는 의문이 든다. 어쩌면 훨씬 더 뒤떨어졌는지도 모른다.

그렇다면 뒤떨어지게 된 근본 원인은 무엇일까? 그것은 바로 마음의 작용을 모르기 때문이다. 어렵사리 찾아온 기회를 알아치리지 못하고 또 알려고도 하지 않는 사람들이 많기 때문이다.

<u>성공과 실패, 건강과 병, 행복과 불행, 기쁨과 슬픔, 부유와 빈곤. 이것은 서로 극과 극이다.</u>
<u>그런데 이것을 생산해내는 주체는 바로 인간의 마음이다.</u>

08_
성공의 자동장치를 작동시켜라

　인간은 성공을 위한 자동장치라고 한다. 잠재의식 이론을 믿는 사람은 이 생각에 반대하는 사람은 거의 없을 것이다.
　우리는 모두 무한한 가능성을 가지고 이 세상에 태어났다. 그리고 황금률은 누구에게나 예외 없이 혜택을 베풀어 준다. 하지만 그 사실을 자각하는 사람은 많지 않다. 거의 많은 사람이 자신의 능력에 훨씬 못 미치는 수준의 삶을 살고 있는 것은 바로 이 때문이다.
　만약 당신이 인생의 명확한 목표를 세운 뒤 항상 염두에 두면서 실현되기를 믿고 지속적으로 행동한다면 어떻게 될까? 당신의 잠재의식이 그 목표를 향해 끊임없이 움직이기 시작한다. 그리고 결국에는 당신이 바라는 대로 모두 실현될 것이다. 잠재의식의 힘을 활용하는 한 당신은 마치 성공을 위한 자동장치나 다름없다. 잠재의식에 명확한 목표가 입력되면 인간의 가장 위대한 능력은 본인이 자각하고 못하고에 관계없이 목표를 향해 활동을 시작한다.

가령 법률가를 지망하는 청년이 있다고 하자. 청년은 어느 날 '나는 법률가가 될 거야'라고 결심했다. 이는 바로 앞서 말한 명확한 목표라 할 수 있다. 그가 그 목표를 자신에게 몇 번씩 들려주며 항상 염두에 두려고 노력한다면 과연 어떻게 될까?

먼저 가장 기본적인 일상생활이 바뀔 것이다. 예를 든다면 그때까지 학교도 제대로 가지 않고 놀기에 여념이 없던 그가 갑자기 법률 책을 사서 읽기 시작한다. 신문이나 텔레비전에서 범죄 사건과 관련된 뉴스를 접하면 그때까지 그저 흥미 위주로 듣고 말았는데 이제는 법률적인 시각으로 생각한다. 이러한 변화는 결코 강제로 된 것이 아니다. 아주 자연스럽게 그리고 무의식적으로 그런 행동을 취하게 된다. 그렇기에 고통스럽거나 괴롭시도 않다. 사발적인 행동에는 으레 즐거움이 따르기 때문이다.

또 행여 어떠한 장애물이 생겨났다고 하더라도 그것을 뛰어넘을 용기와 지혜도 저절로 솟아난다. 그래서 만약 A군의 가정형편이 나빴다고 해도 그는 결코 꿈을 포기하지 않는다. 아르바이트를 하면서라도 계속 학업에 열중할 것이다.

그런데 이런 일련의 행위를 마지못해 한다면 어떻게 될까? 비록 바라는 바는 아니었지만 어쩔 수 없는 일이라고 스스로 정당화하면서 결국에는 포기하고 마는 게 보통이다.

정말 좋아서 하는지 그렇지 않은지, 적극적인지 혹은 마지못해 하는지가 잠재의식에 미치는 영향이란 실로 크다. 물론 어떤 일이든 도중에 실수나 실패가 있게 마련이다. 그렇지만 한 번 세운 목표는 무슨 일이 있어도 포기하지 말아야 한다. 또 그렇게 하기 위해서는 무엇보다 자기 조절이 필요하다.

정리하자면, 인간은 어떤 일과 관련하여 잠재의식에 무언가가 입력되면 그때부터 마치 자동인간이라도 된 듯이 목표를 향해 전진한다.

<u>만약 당신이 부와 성공을 바란다면</u>
<u>당신은 이미 성공을 위한 자동장치가 작동되었다고 해도</u>
<u>좋을 것이다.</u>

09_
좌절과 실패의 원인

　그런데 한 가지 의문이 생긴다. 잠재의식을 제대로 활용하면 인간이 성공을 향한 자동장치가 작동된다고 하는데, 왜 사람들이 좌절이나 실패를 하느냐 하는 점이다. 하지만 이 의문에 대한 해답은 의외로 간단하다. 즉, 너무 쉽게 목표를 바꾸기 때문이다.

　뉴욕행 비행기를 예로 들어 보자. 지금은 비행기가 목적지에 정확히 도착하도록 데이터를 컴퓨터에 입력한다. 그러면 승무원이 잠시 잠을 자든 스마트폰 게임을 하든 비행기는 자동으로 목적지를 향해 날아간다. 하지만 만일 실수로 데이터를 잘못 입력하거나 목적지를 바꾼다면 처음 정한 목적지로 가지 못한다. 마찬가지로 인생이라는 원대한 비행에서도 이런 우를 범하는 사람들이 많다.

최신 제트기처럼 전자공학 기술을 구사해 놀라울 정도로 정밀도를 자랑하더라도 실수로 데이터를 잘못 입력할 수 있고 의도적으로 방향을 변경하는 일까지는 제어하지 못한다. 인간이 이런 정밀한 제트기보다 뛰어난 성능을 자랑하는 '성공 자동장치'라고 해도 역시 실수를 하거나 의지가 꺾이는 일까지는 어쩔 수 없다.

하지만 한 번 목표를 정했다고 해서 아무런 행동을 취하지 않는다면 그것은 절대 실현되지 않는다. 잠재의식은 그럴 만큼 친절하지 않다. 그렇지만 그 목표를 실현시키기 위해 노력하고 끊임없이 기원한다면 확실하게 도달한다는 사실에는 의심의 여지가 없다.

"자신이 생각하는 일은 창조의 힘이고, 자신이 느끼는 일은 창조의 힘을 자신에게 끌어당겨 상상을 현실로 실현시킨다는 사실을 알 때 당신은 진정한 부를 거머쥘 수 있습니다. 자신의 마음이 상상하는 과정을 알 때, 자신의 잠재의식에 각인시킨 일은 무엇이든지 형태를 갖추고 기능을 발휘하면서 경험이나 사건으로 현실에 투영된다는 사실을 알 때 당신은 비로소 부자가 될 것입니다."

머피 박사의 이 말들은 좌절이나 실패가 결코 외부적인 요인에서 생겨난 결과가 아님을 이야기하고 있다.

<u>좌절이나 실패는 초대받지 않은 손님이 아니라
당신 스스로 불러들인 결과물이다.</u>

10_
세상을 내 편으로 만드는 자석

부를 거머쥐고 싶다면 스스로 정신적인 자석이 돼야 한다고 머피 박사는 조언한다. 정신적인 자석이란 무엇을 뜻할까?

박사는 이에 대해 다음과 같은 실례를 들고 있다.

"부동산업에 종사하는 한 여성이 있었습니다. 그녀는 뛰어난 비즈니스 실력으로 하는 일마다 큰 성공을 거두었습니다. 그런 그녀는 제게 이렇게 고백했습니다.

"저는 제가 하는 일마다 이렇게 잘 되는 이유가 항상 잘 됐을 때의 일을 머릿속에 그려보았기 때문이라고 생각합니다. 저는 저녁에 잠자리에 들기 전에, 그리고 아침에 일어났을 때 가장 먼저 이렇게 기도합니다. '나는 정신적 자석이며 내가 제공하는 물건을 바라는 사람들은 모두 내게로 온다. 그러면 손님과 나는 틀림없이 서로 만족하고 기뻐할 거야'라고요.

저는 그녀의 말을 들었을 때 정말 크게 감동했습니다. 그녀의 잠재의식 각인 작업은 정말 완벽했습니다. 그도 그럴 것이 그녀는 이제 습관처럼 그렇게 행동하거든요. 이처럼 좋은 습관이 몸에 밴 사람에게는 부가 자석에 이끌리듯 모여들게 마련입니다."

이 여성의 말을 듣고 '제멋대로 생각하는 여자네'라고 생각하는 독자도 있으리라. 맞다. 그녀의 생각은 꽤나 제멋대로다. 하지만 그녀가 다음과 같이 생각했다면 당신은 그녀를 어떻게 생각할까?

'난 뭘 해도 안 될 거야. 일이란 그렇게 내 맘대로 잘 되는 게 아니잖아. 내가 제공하는 물건을 사고 싶어 하는 손님이 과연 있기나 할까? 아마 단언컨대 있을 턱이 없어. 만약 누군가 오면 질질 끌지 말고 재빨리 결말을 지어야지. 계약서에 법률적 하자가 없다면 뭐 조금 문제가 생겼다고 해서 별일이야 있겠어?'

물론 당신은 이런 생각을 하는 사람을 결코 칭찬하지 않겠지만 어쩐 일인지 세상에는 후자처럼 생각하는 사람이 무척 많다.

<u>정신적 자석이란</u>
<u>내게는 원하는 바를 끌어당길 힘이 있다고 믿을 때</u>
<u>비로소 처음으로 제 기능을 발휘한다.</u>

11_
부는 기다릴 줄 아는 여유가 필요하다

비단 '부'뿐만 아니라 세상의 어떤 일이든 바라지 않는다면 손에 넣을 수 없다. 그런 의미에서 적극적으로 '돈을 많이 가지고 싶다'는 기분을 마음에 새기는 일이 무엇보다 중요하다.

앞서도 인용했지만 누군가 '사랑은 많은 일을 성취하게 해주지만 돈은 더더욱 많은 일을 성취하게 해준다'라고 한 말이나 '충분한 돈이 없으면 인생의 절반은 없는 것이나 마찬가지'란 말이 이를 증명하지 않는가?

하지만 돈을 너무 성급히 좇아서는 이로울 게 없다. 다음과 같은 예가 있다. 한 젊은 기술자가 박사를 찾아와 말했다.

"저는 지금 궁지에 몰렸답니다. 지금까지 저는 박사님이 말씀하

신 대로 끊임없이 기도하고 생각했는데 전혀 효과가 없었거든요!"

무척 화가 난 말투였다. 박사는 그의 말을 들은 뒤 어떻게 대답했을까?

"끊임없이 기도하고 생각했다고요? 그런데 당신은 마치 기도하는 일을 잠시라도 쉬게 되면 큰일이라도 벌어질까 두려워하지 않습니까? 그렇게 성급하게 결론을 내려 하지 말고 자신의 잠재의식 속에 무한히 존재하는 지성을 믿고 따르세요."

박사는 말을 계속 이어갔다.

"매일같이 똑같은 기도를 할 바에 이왕이면 하루에 한 번쯤 타인을 위해 기도해보면 어떻습니까? 그러면 당신은 그 병적인 기원에 대한 집착에서 벗어날 수 있을 겁니다."

이 사례는 잠재의식을 활용하는 데 매우 귀중한 사실을 암시한다. 잠재의식을 믿는 일, 자신의 바람이 실현된다고 믿는 일을 무리하게 강요해서는 안 된다는 사실이다.

지나치게 무리하면 그 자체로 잠재의식에는 부정적인 이미지가 각인된다. 부정적인 이미지를 가벼이 여겨서는 안 된다. 이 젊은 기술자와 마찬가지로 이러한 의문을 가진 사람들이 의외로 많을지 모른다.

'잠재의식 속에 내가 진실로 바라는 일들을 항상 좋은 형태로 각인시키는데, 그 효과가 조금도 나타나지 않는다'고 말이다. 하지만 그러한 사람들은 자세히 살펴보면 뭔가 무리수를 두는 행동이 눈에 띈다. 아무리 속이려 해도 잠재의식을 속일 수는 없는 법이다. 무리하면 할수록 잠재의식은 민감히 반응한다.

결국 부를 거머쥐고 싶다면 그것을 열망하고 상상하면서도 침착하게 기다릴 줄 아는 여유가 필요하다. '아무리 기다려도 실현되지 않잖아!'라는 부정적인 생각은 거꾸로 말하면 자신의 계획이 실현될 것이란 사실을 의심한다는 증거다.

<u>긍정적으로 생각하고 상상하며
조용히 기다릴 줄 아는 지혜가 없는 사람에게
부는 찾아오지 않는다.</u>

12_
성공에 있어 마음의 평정이 중요한 이유

한 저명한 은행가가 있었다. 흔히 말하는 엘리트인 그는 이미 성공의 길에 접어들었고 사회적 지위도 갖춘 사람이었다. 그런 그가 머피 박사에게 이런 말을 했다고 한다.

"전 제 자신에 대해 상당한 자신감이 있었습니다. 그만큼 성공하기도 했고요. 그러다 5년 전쯤 제가 외적인 조건에만 집착한다는 것을 깨달았습니다. 동료나 부하직원들에게 지나칠 정도로 과욕을 앞세웠고 자주 화를 내곤 했습니다. 저는 아주 중요한 결단을 내릴 때나 복잡하게 얽힌 문제를 해결해야 할 때 마음의 평정을 찾는 일이 무엇보다 중요하다는 사실을 깨닫게 되었습니다. 그때부터 저는 제 자신에게 '조용히 마음의 여유를 가지라'고 명령했고 몸은 자연히 그 말에 따르는 것을 체험했습니다. 마음의 평정을 되찾자 제 잠재의식 속에 있는 지혜가 뜻밖의 멋진 해답과 해결책을 찾아내더군요."

마음의 평정은 중대한 기로에서 선택할 때 실수를 범하지 않게 해준다. 물론 반드시 이성적인 선택일 수는 없지만 무의식적으로 자신을 바람직한 쪽으로 이끌어주는 방향타 역할을 한다.

인간은 어떤 결단을 내릴 때 반드시 이론적이거나 합리적인 선택을 한다고는 볼 수 없다. 결과적으로는 잘한 선택이라고 생각하게 되었지만 그 당시는 "왜 그런 선택을 하는지 이해할 수가 없군"이라는 말을 들어야 하는 그러한 때가 있다.

사실 이러한 선택은 잠재의식이 만들어내는 결과라 할 수 있다. 이를 위해서는 무엇보다 마음의 평정을 유지해야 하고, 마음의 평정은 잠재의식으로 하여금 해답을 찾게 하는 중요한 요소다.

<u>매 순간 올바른 결단과 선택을 위해서는
마음의 평정이 무엇보다 중요하다.</u>

13_
인생 전반에 미치는 '증대의 법칙'

소망이든 부정적인 사고든 유난히 신경 쓰는 부분이 있다면 신경 쓰는 그대로 확대되거나 성장 또는 비대해지는 경향이 있다.

좋은 일이라면 괜찮지만 행여 부정적인 일이 더 커지거나 확대된다면 일어날 결과는 뻔하다. 그래서 부정적인 일과 관련해서는 특히 주의를 기울여야 한다. 또 되도록 무슨 일에든 건설적이고 긍정적인 마음가짐을 가져야 한다. 예를 들어 '내가 지금 계획하고 있는 일은 실패할 거야'라는 생각이 가득하면 당연히 실패하는 결과를 가져올 수밖에 없다.

교통사고만 해도 그렇다. 교통사고에 주의하는 일도 중요하지만 그와 관련된 충분한 지식과 방어책을 평소에 익히고 배워두는 자세가 더 중요하다. 자신을 위험한 상태에 놓아두고 언제 사고가 날지 몰라 걱정할 때가 가장 좋지 않다.

한편 주의를 기울임으로써 얻는 이익이라고 한다면 '자신은 지금 증대의 법칙에 따라 더 나은 상태로 발전하고 있다'는 사고방식을 가지게 된다는 점이다.

항상 '나는 성공에 이르는 계단의 중간에 서 있다. 그리고 지금도 한 발 한 발 위를 향해 계단을 밟아가고 있다'라고 생각하고 마치 버릇처럼 그렇게 생각하는 일상의 행위가 삶에서 무엇보다 중요한 영향을 미친다.

만약 당신에게 주어진 대부분의 시간을 자신이 실패하는 모습만 상상하거나 그 실패를 입에 담는다면 반드시 실패를 경험하게 된다. 그리고 증대의 법칙에 의해 실패는 또 다른 실패를 부른다. 이 역시 증대의 법칙이 가지는 하나의 단면이라 할 수 있다. 부를 축적한 사람이 더 많은 부를 축적하거나, 가난한 사람이 더욱 가난해지는 이유가 바로 이 증대의 법칙 때문이다.

<u>성공이라는 말을 자주 입에 담으면 성공이,
실패를 자주 입에 담으면 실패가 따른다.</u>

14_
베풀 줄 아는 사람이 더 부자가 되는 이유

어떤 상황에서도 이기적인 사람이 되지는 말자. 또 자신과 자신의 가족, 친구, 동료가 모두 잘 되기를 바라는 마음을 항상 가져야 한다.

간혹 주변에서 다음과 같이 말하는 사람을 보게 된다.

"누구보다 먼저 내가 잘 되어야지 남을 위해서 무언가 할 수 있지 않겠는가! 내가 만족스럽지 못한데 남을 위해 무언가 한다는 건, 그건 위선이나 다름없다!"

위의 말처럼 정말 위선이나 다름없을까? 물론 나를 위해 최선을 다한다면 그것도 한편으로는 성실한 사람이라 말할 수 있겠다. 하지만 올바른 생각은 아니다. 타인에게 무언가를 해 준다, 타인도 함께 발전하기를 바란다는 생각은 비록 남을 위하는 것처럼 들리겠지만 사실은 그렇지 않다. 오히려 자신을 위해 필요하다.

이 점에 관해 머피 박사는 다음과 같이 말한다.

"당신의 주위 사람들이 성공하고 부자가 되어 행복해지길 기도하십시오. 당신이 다른 사람을 위해 기도할 때 그것을 알게 된 사람의 잠재의식에는 무의식적으로 풍요와 부에 대한 기대심리가 생깁니다. 그렇게 되면 그들은 결과적으로 당신이 기원하는 풍요와 부에 대한 기원으로 큰 이익을 얻게 될 겁니다."

누군가는 왜 나의 이익은 없고 타인만 이익을 얻고 행복해져야 하느냐며 반문할지 모르겠다. 하지만 그렇지 않다. 당신 때문에 주위 사람들이 이익을 얻게 되면 이번에는 주변 사람들도 당신을 위해 걱정하고 기원할 것이기 때문이다. 또한 '넓은 마음을 가진 나'라는 자신감과 여유가 본인의 잠재의식에 미칠 영향도 결코 가벼이 여겨서는 안 된다.

부가 당신의 수중에 들어간 것은 당신이 부를 소망했기 때문에 대우주의 법칙인 황금률에 의해 주어진 것이다. 이 세상에는 무엇 하나 개인이 독점적으로 소유한 것이라 말할 수 없다. 그것들은 당신이 살아가는 동안 잠시 당신에게 맡겨졌을 뿐이다. 만약 당신이 욕심을 부리고 이기적이면 주변에서는 당신을 걱정하고 축복하지 않게 된다. 그러면 당신에게 현재 주어진 부는 언제가 당신 곁을 떠나게 된다.

'내가 바라는 물건을 남에게도 주어라'란 말이 있는데 이는 그냥 '줘버려라'란 뜻이 아니다. 그보다는 진정한 부의 증대란 남에게 나누어주는 마음에서부터 시작된다고 보는 게 옳다.

<u>남에게 나누어주는 마음이 더 큰 부를 가져온다.</u>

Part 04.

이성의 마음을 사로잡는다

사랑의 황금률

01_
어떻게 하면 애인이 생길까

한 젊은 여성이 머피 박사를 찾아와 다음과 같이 호소했다.

"저는 겁쟁이에다가 부끄럼을 많이 타요. 그래서 지금껏 남자친구를 사귀어 본 적이 없어요."

누가 보아도 젊고 아름답지만 소극적인 성격 때문에 이성과 잘 사귀지 못하는 사람이 종종 있다. 이 여성처럼 겁쟁이에 부끄럼을 많이 타는 성격이라면 상대적으로 이성과 접할 기회가 적기 마련이다.

박사가 그녀의 말을 듣고 말했다.

"무엇을 주저하고 있습니까? 지금 당신이 사귀고 싶은 남성들의 이름을 수첩에 적어보세요."

그녀는 곧바로 실행에 옮기기로 약속했다. 박사는 계속해서 다음과 같이 말했다.

"목록이 다 작성되면 이제 그들의 얼굴을 떠올리면서 데이트 신청을 받는다고 상상하세요. 그때 당신은 수첩을 꺼내 선약이 있는지 없는지를 확인하는 겁니다."

그녀는 박사의 말을 충실히 이행했다. 신비롭게도 그로부터 얼마 지나지 않아 그녀는 젊은 남성들 사이에서 인기를 독점했다. 그리고 남자 친구도 생겼으며 결혼까지 했다.

이 사례는 얼핏 아무것도 아닌 이야기처럼 들릴지 모르지만 박사의 충고에는 이성과 사귀기 위해 필요한 진리인 대우주의 법칙, 즉 황금률이 적용된 것이다.

그것은 앞장에서도 몇 번 나왔지만 '당신의 인생은 상상의 산물'이다. 이 진리는 이성과의 문제에도 그대로 적용된다.

박사를 찾아오기 전까지 머릿속에 있던 그녀의 자아상은 어땠을까? 그것은 자신이 겁쟁이며 부끄럼을 많이 타서 남자 친구를 한 번도 사귄 적 없는 모태솔로였다. 그리고 현실도 그녀가 상상하던 것과 똑같았다.

그런데 박사의 충고를 받아들인 후의 그녀는 어떻게 변했을까? 그녀는 어딜 가서나 남성들에게 데이트 신청을 받는 인기 많은 여성이 되었다. 처음에는 어디까지나 상상에서나 가능하던 일이었는데 이윽고 그것이 현실로 다가온 것이다.

그럼 어째서 상상 속의 일이 현실로 변했을까?

그것은 반복된 상상을 통해 자신이 원하는 자아상이 완성되었고, 소극적이고 부끄럼이 많던 그녀의 성격을 변화시킨 것이다.

이 사례는 다음과 같은 사실을 짐작케 한다.

그녀에게 남자 친구가 생기지 않은 이유는 그녀가 겁쟁이에 부끄럼을 많이 탔기 때문이 아니다. 그녀는 남자 친구가 생기지 않았기 때문에 그런 성격이 될 수밖에 없었다. 원인과 결과를 그녀는 거꾸로 생각한 셈이다. 그 사실을 깨달았을 때 어느덧 그녀는 매력적인 여성으로 변신해 있었다. 이는 남성도 결코 예외가 아니다.

<u>진심을 다하면 내가 변하고
내가 변하면 모든 것이 변한다.</u>

02_
과거에 집착하지 마라

청춘시절의 정신 상태는 매우 단순하면서도 순정적이다. 아무렇지 않은 일로 금방 기분이 밝아지기도 하고 깊은 좌절감에 빠지기도 한다. 이런 불안정한 시기는 어떤 의미에서 감성을 갈고 다듬어주고 희로애락을 경험하면서 어른이 되어가는 매우 중요한 과정이라 할 수 있다. 사람에 따라 이 시기를 어떻게 보내느냐에 따라 마음에 커다란 상흔을 남기기도 하고 심각한 트라우마를 겪기도 한다. 이때 겪은 일들로 인해 인생에 결정적인 영향을 끼친다고도 할 수 있다.

그런데 트라우마는 정신적 충격이나 슬픔이 원인이지만 발단은 아주 사소한 일에서 시작될 때가 많다.

한 가지 예로 실연 때문에 자살하는 사람도 있다. 한 사람을 자신의 목숨처럼 사랑했는데 그 사람의 마음을 얻지 못했다는 사실로 강한 충격을 받고 살아갈 힘조차 잃어버린 것이다. 하지만 똑같은 상황일지라도 자살을 선택하지 않고 실연의 아픔을 잘 이겨내는 사람도 있다. 결국 그 차이란 거의 예외 없이 마음자세에 달려 있다는 뜻이다.

대체로 깊은 절망감에 빠진 사람은 한 번의 실패도 너무 지나치게 의미 부여를 한다는 사실을 알 수 있다. 실제로 인생을 살다 보면 자신의 뜻대로 되지 않는 일이 너무나도 많다. 또한 작고 큰 실패도 무수히 경험하게 되지만 많은 사람이 그런 실패를 경험하면서 그 실패를 뛰어넘는 새로운 경험을 맛보기도 한다.

그런데 순수한 열정만으로 자신에게 너무 정직하거나 경험이 부족한 일부 젊은이들은 실패를 너무 크게 생각하는 경향이 많다. 그래서 한 번의 실패로 모든 것을 다 잃은 듯이 생각해 마치 거북이가 머리를 건드리면 움찔 놀라 목을 집어넣듯이 심리적으로 크게 위축되고 만다.

그 결과가 소극적이고 부끄럼을 많이 타는 성격으로 나타난다. 어떤 사람의 기질이나 성격이란 바로 그 사람의 상상이나 경험에 근거한 결과라 할 수 있다.

그런데 그것은 어디까지나 결과이다. 만약 다른 원인이 있다면 다른 결과를 낳지 않을까? 지금 바라지도 않은 결과가 나타났다면 그것은 바람직하지 않은 원인이 있었기 때문이다.

그렇다면 자신이 바라는 결과를 낳을 수 있는 새로운 원인을 만들어보자. 그래서 원하지도 않는 결과를 초래하지 않도록 미리 준비하는 것이다.

그러기 위해서는 과거의 실패에 너무 집착하지 말아야 한다. 물론 안 좋은 과거는 기억만 떠올려도 기분이 좋을 리 없다. 그러므로 실패한 일에 너무 얽매이지 말고 과거에 성공했던 좋은 상상과 자신을 유쾌하게 만드는 상상을 하면서 입가에 살짝 미소를 머금은 여유로운 마음자세를 가지면 좋다. 이러한 자세가 인생을 더 긍정적이고 바람직하게 사는 비결이며 좋은 일이 일어날 수밖에 없다. 이는 이성 관계에도 똑같이 적용되는 법칙이다.

<u>나쁜 기억은 나쁜 관계를,</u>
<u>좋은 기억은 좋은 관계를 부른다.</u>
<u>부정적인 기억에 얽매어 관계를 망치지 말자.</u>

03_
사랑과 두려움은 공존할 수 없다

자신이 생각한 대로 실현되는 황금률에 따라 질투심 또한 불쾌한 현실을 불러올 수 있다.

사실 가벼운 질투는 연인 사이에 하나의 자극이 될 수 있다. 그래서 조미료와 같은 효과가 있을 수 있다. 하지만 조미료도 너무 지나치면 맛없는 요리가 되듯이 과도한 질투심은 연인을 갈라놓을 수 있다.

서로 사랑하던 커플이 있었다. 이들은 많은 사람의 축복을 받으며 결혼했다. 그런데 한 달도 안 돼서 이혼까지 생각할 정도의 위기를 맞았다.

이유는 아내에 대한 남편의 지나친 질투심 때문이었다. 남편은 아내가 자신에게서 도망가지 않을까 항상 걱정했다. 그 때문에 아내를 감시했는데 정도가 심해지면서 가방 속을 뒤지는 일조차 있었다. 남편의 이러한 행동에 질려버린 아내는 결국 정말로 짐을 싸 친정으로 가고 말았다.

물론 사랑이 불안을 불러오는 경험은 누구에게나 있다. 그렇지만 사태가 이 지경까지 이르면 지나친 감이 없지 않다. 오히려 지나치다는 말보다 근본적으로 남편이 아내를 신뢰하지 않는다는 사실을 지적할 필요가 있다.

사랑에 가장 필요한 것은 바로 신뢰다.

'나 외에 다른 사람을 좋아하는 게 아닐까? 나에게서 떠나는 것은 아닐까?' 연애 초기라면 당연히 이런 마음을 품을 수 있겠지만 결혼하고 난 뒤에도 계속된다면 그것은 상대방에 대한 불신감으로밖에 달리 표현할 길이 없다.

남녀의 인간관계란 마치 서로가 거울을 보는 것과 같다. 어느 한쪽이 상대방을 불신하면 그것은 상대방에게 그대로 전달된다. 게다가 이런 경우 남편이 걱정하던 대로 결국 현실로 나타났다.

<u>사랑과 두려움은 공존할 수 없다.</u>
<u>두려움이 생길 정도라면 이미 사랑은 식을 수밖에 없다.</u>

04_
실연의 아픔을 달래는 방법

 청춘시절은 그야말로 연애의 시절이라 할 수 있다. 이것은 자연 현상이나 마찬가지라고 할 수 있을 만큼 당연한 생리적인 현상인데, 연애에 반드시 따라붙는 게 있다. 바로 실연이다.
 실연의 아픔을 견디지 못해 목숨을 끊는 젊은이도 적지 않다. 하지만 인생의 법칙을 안다면 실연이란 자신의 목숨을 버릴 만큼 대단한 일이 아님을 먼저 깨달을 수 있어야 한다.
 프랑스의 평론가인 프레보는 '연애라는 주식시장에 안정주(주가가 크게 변동하지 않는 주식)는 없다'고 했다. 또 니체는 '근시의 남녀가 사랑을 한다'고 했다.
 연애는 시간이 흘러도 불안정하며 안정을 찾으려면 실연 외에는 없다. 물론 누군가를 사랑하지 않으면 실연을 당하지 않아도 되겠지만 사랑의 감정은 때와 장소를 불문하고 예기치 않게 찾아온다. 당사자가 미리 준비하든 계획을 짜든 상관없다. 이 점에서 사랑은 질병과 닮았다. 이를 미리 막기란 좀처럼 쉽지 않다.

하지만 사람의 감정은 질병과 달리 지극히 자연스런 흐름이다. 프랑스의 작가 모로아는 '연애의 탄생은 모든 탄생과 마찬가지로 자연의 작품이다'라고 했는데 그야말로 이를 두고 한 말인 듯하다.

연애를 시작하면 대부분은 반드시 실연이 뒤를 잇는다. 그때마다 실연을 아파하다 보면 목숨이 몇 개라도 부족할지 모른다.

이때 생각할 것이 바로 세상사를 긍정적으로 바라보고 생각하는 습관이 필요하다. 실연했을 때 그 사태를 철저하게 긍정적으로 생각하는 것이다. '만약 사랑이 이루어졌더라도 결국 파국이 찾아왔을 거야', '내겐 어울리지 않는 상대였어'라는 식으로 말이다.

흔히 인간은 잃어버린 물건이나 성취하지 못한 일에 집착하는 경향이 있다. 이는 잠재의식에 바람직한 영향을 끼치지 못한다. 이미 벌어진 사태라면 긍정적으로 생각하는 게 무엇보다 중요하다.

<u>당신을 만나는 모든 사람이 당신과 헤어질 때는
더 나아지고 더 행복해질 수 있도록 하라.</u>
- 마더 테레사

05_
여성이 원하는 남성상

한 조사에 따르면 여성이 남성에게 바라는 점은 '머리가 좋다', '믿음직스럽다', '건강', '청결', '능숙한 말솜씨' 등이라고 한다.

그런데 한 가지 주의 깊게 생각해볼 게 있다. 여성은 남성의 '외모'는 그다지 중요하게 여기지 않는다는 점이다.

하지만 여성뿐만 아니라 남성도 자신의 외모에 상당히 신경을 쓴다. 그래서 외모에 자신이 없는 남성은 그 자체만으로도 벌써 열등감을 느껴 매사에 소극적으로 행동하기 쉽다. 그런데 위의 조사를 보면 알 수 있듯이 우리가 평소 생각하던 것과는 조금 차이가 있다.

그렇다면 여성이 바라는 남성상을 분석해보자.

먼저 '머리가 좋다'는 말은 어떤 의미를 담고 있을까? 그것은 상대방의 기분을 잘 이해할 수 있다는 뜻을 내포하고 있다. 물론 학력이란 부분도 무시할 수는 없는 요소이지만, 이것은 머리가 좋다는 사실이 외적으로 드러난 하나의 척도에 지나지 않는다. 상대방이 똑똑하고 총명하다면 오로지 학력만 고집할 이유는 없다.

'믿음직스럽다', '건강', '청결'은 새삼스레 설명을 부가할 필요는 없어 보인다.

'능숙한 말솜씨'는 대화의 매력이라고 해석하면 좋겠다. 그 속에는 '상대방의 이야기를 잘 들어준다'는 점이 포함된다. 즉, 경청은 사람의 마음을 얻는 지혜이면서 세상을 바꾸는 힘을 가지고 있다.

<u>여성은 '머리가 좋고, 건강하며,
무엇보다 자신의 이야기를 경청하는 남성'을 원한다.
외모 열등감이 있는 남성이라면
정작 중요한 사실을 잊고 있지는 않은지 생각해보기 바란다.</u>

06_
남성이 원하는 여성상

같은 조사에서 남성이 원하는 여성상은 여성이 원하는 남성상과 조금 다르다. 대부분의 남성은 '외모', '부드러움', '머리가 좋은 여성'을 원했다.

'머리가 좋다'나 '부드러움'은 남성에게도 요구되는 사항이다. 그러나 남성이 여성에게 '외모'를 찾는다는 사실은 외모에 자신이 없는 여성에게 매우 가혹한 조사 결과라 하겠다.

하지만 이 조건은 다음과 같은 마음자세로 쉽게 해결할 수 있다. 즉, 만사 제쳐두고 일단 외모에 '자신을 갖는 일'이다.

자신의 외모에 자신감이 없는 한 여성이 있었다. 그녀는 거의 결혼을 포기한 상태였는데 어느 날 우연히 한 남성에게서 프러포즈를 받고 그와 결혼까지 했다.

그런데 결혼 후, 그녀의 모습은 너무도 아름답게 변해갔다. 그러한 변화에 주변 사람도 놀랄 정도였다. 눈은 반짝반짝 빛나고, 얼굴엔 생기가 돌고 미소가 넘쳤으며, 말투도 부드럽고 상냥했다. 정말로 누가 보아도 아름다운 여성이었다.

그런 그녀에게 물었다.

"당신은 결혼한 후에 어떻게 그렇게 아름답게 변할 수 있었습니까?"

그녀의 대답은 이러했다.

"결혼한 뒤 남편은 항상 저에게 '아름답다', '예쁘다', '귀엽다'며 칭찬해주었답니다. 처음에는 그의 말이 농담이겠거니 했는데 남편이 진심으로 그렇게 말한다는 사실을 알았어요. 그제야 제가 외모에 대해 잘못 생각했다는 사실을 깨달았죠. 그래서 진 정말 아름다워지자고 마음먹었습니다. 외모에 대한 열등감은 잘못된 생각이라는 것을 분명하게 느꼈으니까요."

과연 결혼 전의 이 여성은 다른 사람에 비해 떨어지는 외모였을까? 그렇지 않다. 단지 스스로 자신의 외모에 자신감이 없었을 뿐이다.

앞에서도 말했지만 사이코 사이버네틱스 이론에 따르면 '성형수술을 받은 여성이 아름다워진' 이유는 외모에 자신감이 생겼기 때문이었다.

성형수술의 가장 큰 장점은 심리적인 태도가 180도로 바뀌는 계기가 된다는 점이다.

머피 박사가 '아름다움이란 심리적인 태도에 따라 달라진다. 당신이 사람을 끌어당기는 매력이 있다고 진심으로 생각한다면 정말로 그대로 이루어진다'라고 말한 것은 바로 이런 예를 두고 한 말이다.

앞서 예로 든 소극적이고 부끄럼을 많이 타서 남자 친구가 한 명도 없던 여성이 마음자세를 바꾸어 연인을 얻은 이유는 무엇일까? 그것은 바로 '나에게는 남자 친구가 많이 있다'라고 생각함으로써 자신이 매력적으로 변신했기 때문이다. 이런 일은 정말로 우리 주변에서 심심찮게 일어난다.

<u>마음의 태도가 아름다움을 만든다.</u>

07_
자신감이 그 사람을 매력적으로 만든다

인간의 매력이란 그야말로 종잡을 수 없다. A라는 사람에게는 매우 매력적으로 느껴지는 부분이 B란 사람에게는 혐오의 대상이 되기도 하는 예가 비일비재하다.

하지만 인간의 매력에는 공통적으로 인정되는 섬이 크게 두 가지가 있다.

그 가운데 하나가 외적인 부분이다.

즉, 얼굴 생김새나 키, 스타일 등이 그 요소이다. 이것은 천성적인 특질이다. 하지만 앞에서 언급했듯이 이것도 마음자세를 좋게 바꾸면 어느 정도 시정이 가능하다는 것이다.

또 하나는 내면적인 매력이다. 그 사람의 교양이라든가 말투, 행동이 나타내는 것으로, 물론 그 근본에는 성격이나 기질 등이 자리하고 있다.

이 두 가지가 하나로 합쳐져야 비로소 한 사람의 총체적인 매력이 된다. 실제로 전혀 매력이 없는 사람은 없다. 누구라도 그 사람만의 고유한 매력이 있다. 단지 매력이 넘치는 사람은 내면적인 매력까지 밖으로 드러난 사람이고 매력이 없다고 생각한 사람은 아직 내면적인 매력이 밖으로 드러나지 않고 잠들어 있을 뿐이다.

옛날 속담에 '옥도 닦지 않으면 그릇이 되지 않는다'는 말이 있다. 인간도 마찬가지다. 아무리 뛰어난 재능이나 장점이 있다 해도 이를 발휘하는 노력을 하지 않으면 매력 있는 사람이 될 수 없다.

어떻게 하면 매력적으로 변할 수 있을까? 제일 먼저 자신감이 있어야 한다. 자신감이 넘치는 자신의 모습을 상상해 보라. 항상 발랄한 내 모습, 내가 말하면 모두 나를 따른다는 자신감을 말이다. 이는 항상 좋은 형태로 잠재의식이 작용하여 그 사람의 재능이나 아름다움을 전면에 드러내기 때문이다.

<u>매력적인 사람이 되려면
스스로 '나는 매력적인 사람이다'라는
자신감을 가지는 일부터 시작해야 한다.</u>

08_
한번의 기회로 대통령 부인이 된 엘리노어

자신감을 떨어뜨리는 가장 큰 원인은 두려움이다. 그렇기 때문에 먼저 두려움에서 해방되어야 한다.

두려움이 얼마나 자신감을 떨어뜨리는지 말해주는 일화를 하나 소개하겠다. 루스벨트 부인에 관한 이야기다.

명문가답게 그녀의 집안에는 미인이 즐비했다. 그녀의 어머니도 할머니도 숙모도 모두 사교계에서 주목받는 미인들이었다. 그런데 나중에 루스벨트 부인이 되는 엘리노어만이 그야말로 '미운 오리새끼'였다. 그래서 그녀는 소녀시절부터 줄곧 열등감과 두려움에 시달리며 살았다고 한다.

"저는 어렸을 때 너무 창피했답니다. 다른 친구들처럼 예쁘지 않았고 춤도 스케이트도 무엇 하나 제대로 하는 것이 없었거든요. 댄스파티가 있는 날이면 언제나 친구에게 따돌림을 당했습니다. 그러던 어느 해, 크리스마스 파티가 있던 날이었습니다. 나는 여느 때처럼 혼자 외롭게 앉아 있었는데 한 청년이 다가와 자기와 춤을 추지 않겠냐고 제게 말하는 게 아니겠어요? 그때 느낀 기쁨이란 지금도 잊을 수가 없어요."

그 청년이 바로 미국의 대통령인 유명한 루스벨트(Roosevelt, Franklin Delano. 1882~1945)였다. 그 청년의 권유로 엘리노어에게는 한 가지 자신감이 생겼다.

'보라고! 나에게도 춤을 권하는 남자가 있단 말이야!'

이윽고 그녀는 그 청년과 결혼했다. 곧 그녀의 남편은 정치가로서 활약하기 시작했다. 그 무렵 루스벨트의 집에는 하루가 멀다 하고 동료들이 찾아와 밤을 세워가며 중요한 회의를 했다. 그때 가까운 호텔에는 루스벨트의 친구 부인들이 모여 있었는데 그녀들은 서로 안면이 없던 터라 각자 시간만 때우고 있었다.

그때 루스벨트 부인이 호텔을 찾아가 부인들을 격려했다. 그러는 사이에 자신도 모르게 용기와 자신감이 어디선가 샘솟았다고 루스벨트 부인은 말했다.

또한 루스벨트 부인은 다음과 같은 말도 했다.

"이 세상에서 두려움처럼 사람의 마음에 상처를 주는 게 없습니다. 저는 저보다 훨씬 더 불행한 분들을 도와주면서 나를 엄습하는 두려움과 싸워 그것을 극복했습니다. 두렵고 손조차 내밀지 못하던 일을 어떻게 해서든 성취해내면 그때는 누구라도 쉽게 두려움을 극복할 수 있다는 것을 저는 믿습니다."

어렸을 때는 자신의 외모에 심할 정도로 열등감을 느끼던 소녀가 다른 사람을 격려하고 용기를 북돋워주는 여성으로 변한 것이다. 그 계기는 바로 '자신에게 춤을 권하는 남자가 있다'고 생각하게 만든 자신감이었다. 총명한 그녀는 단 한 번의 기회를 통해 훌륭하게 변신했다. 그리고 불안에 떠는 다른 사람을 격려하는 일로 두려움마저 극복하는 법을 깨달았다. 그녀가 매력적인 여성으로 다시 태어난 것이다.

<u>외모는 마음에서 생겨난다</u>
<u>사람은 각자의 얼굴에 세월의 흔적을 새기며 산다.</u>

09_
나 자신만이 열등감을 극복할 수 있다

그렇다면 루스벨트 부인의 일화를 들은 당신은 과연 그녀가 '좋은 남성을 만날 만한 행운의 여성'이라고 생각하는가?

결코 그렇지 않다. 그녀는 찾아온 기회를 최대한으로 이용했을 뿐이다. 데일 카네기는 다음과 같이 말했다.

"자신의 열등감을 고쳐줄 사람은 이 세상에 오직 한 사람밖에 없다. 그것은 바로 당신 자신이다."

이 말은 열등감을 극복하는 데 매우 귀중한 충고이다. '자신의 외모가 추하다', '머리가 나쁘다', '키가 작다', '뚱뚱하다'라고 생각하는 사람이 있다면 열등감은 스스로 극복해야만 한다는 사실을 명확히 깨달아야 한다.

머피 박사의 아침 라디오 강좌를 듣던 한 청년이 편지를 보냈다. 그 속에는 '자신은 내성적이고 겁쟁이라서 여자 친구에게 도저히 구혼할 수 없다'는 고민이 적혀 있었다.

"결혼해달라고 말하려 하면, 목이 바짝 마르고 혀가 꼬여 제대로 말조차 할 수 없어요. 거절당할 것 같아 두려워요."

그런 그에게 머피 박사는 다음과 같이 충고했다.

"당신의 여자 친구가 당신이 바라는 대로 행동하는 모습을 하루도 빠짐없이 상상해보세요."

박사의 말을 들은 그는 그 말을 충실히 따랐다. 되도록 아주 선명하게 그리고 구체적으로 반복해서 상상했다.

20일이 지나서, 그는 여자 친구를 찾아가 상상 속에서 훈련한 방법을 그대로 실천했다. 매우 침착한 마음으로 열정을 가지고 그녀에게 청혼했고, 그녀는 그의 청혼을 흔쾌히 받아들였다. 그가 느낀 열등감은 아주 깔끔하게 극복했다. 그리고 그것을 극복한 사람도 실행에 옮긴 사람도 결국 다른 사람이 대신할 수 없는 자신이라는 사실을 증명했다.

<u>자신의 열등감을 고쳐줄 사람은
이 세상에 오직 한 사람밖에 없다.
그것은 바로 당신 자신이다.</u>

10_
열등감을 극복하는 방법

이성을 사귀지 못하는 가장 큰 원인이라 한다면 역시 열등감이다. 열등감에 시달리는 사람은 이성에게 다가간다는 게 생각처럼 쉽지 않다.

외모나, 학력, 경제력 외에도 열등감을 유발하는 원인은 헤아릴 수 없이 많다. 그 하나하나에 신경을 쓰고 고민하는 소극적인 사람이 다른 사람의 눈에 매력적으로 비칠 리가 없다.

열등감으로 말미암아 뛰어난 재능도, 상냥한 성격도, 밝은 대화도 마음 깊은 곳에 잠재워둔 채 결코 밖으로 드러내지 못한다.

그렇다면 그것을 밖으로 끄집어 낼 방법은 없을까? 이에 대해 머피 박사는 다음과 같이 말한다.

"당신을 강하게 만드는 힘은 이미 당신의 내면에 존재하기 때문에 당신에게 불가능한 일은 하나도 없습니다. 당신이 조화롭고 건강하며 평안한 마음이 깃들고 행복해지면 그와 동시에 당신의 의지에 따라 자연스럽게 열등감에서 벗어날 수 있게 됩니다. 또한 다른 사람의 언어나 행동이나 사고에 관계없이 당신은 자신이 원하는 것은 무엇이든 될 수 있습니다."

그렇게 되려면 무엇을 해야 할까? 다시 머피 박사는 다음과 같이 답한다.

"하루 몇 번씩 잠자리에 들기 전에 이러한 진리를 당신의 마음에 가득 채우기 바랍니다. 그렇게 한다면 당신이 느끼는 모든 열등감과 거부감이 사라진다는 사실을 깨달을 것입니다."

이것이 바로 열등감을 극복하는 확실한 방법이다.

<u>좋은 생각을 하며 잠자리에 드는 것이
행복한 내일을 만드는 가장 좋은 방법이다.</u>

11_
일흔다섯 살에 남자 친구를 사귄 부인

다음은 칠십을 넘긴 부인의 실제 이야기다.

흔히 이성을 구할 때는 나이가 많으면 걸림돌이 되기 마련이다. 그런데 이 부인의 나이는 무려 일흔다섯 살이었다. 자식들도 이미 성인이 되었고 부모의 슬하를 떠나 독립한 지도 오래다. 그리고 남편이 세상을 떠난 지도 십여 년이 흘렀다. 그녀는 홀로 남아 연금에 의존하며 인생의 최후를 맞는다고 생각하니 너무 외롭다는 생각이 들었다.

어느 날 그녀는 머피 박사의 강연을 듣고 잠재의식의 힘을 믿게 되었다. 그때부터 부인은 다음과 같이 생각하기 시작했다.

'나는 평생을 함께할 남자를 만나 재혼하고 싶다. 나는 남편이

될 사람을 원하고 그 남자도 나를 원한다. 우리는 이윽고 결혼할 것이다.'

이 말을 날마다 주문을 외우듯 반복하는 것이 그녀의 일과였다. 그러던 어느 날 그녀는 약국을 경영하는 약사를 만나게 된다. 그는 모든 재산을 아들에게 물려준 뒤 유유자적하는 자유로운 몸이었는데, 아내가 먼저 세상을 떠나 홀로 고독한 날들을 보내고 있었다. 부인은 그 남성에게 청혼했다. 결국 부인이 날마다 습관처럼 되뇌던 말들이 곧 현실이 되었다.

강연을 듣기 전까지 부인은 재혼한다는 사실을 생각조차 해본 적이 없었다. 오히려 그런 일에는 부정적인 편이었다.

그런데 놀랍게도 오랫동안 홀로 지내면서 재혼 이야기를 단 한 번도 입 밖으로 꺼낸 적이 없었던 그녀가 '나에게는 평행을 함께할 다정한 남편이 필요하다'고 생각한 순간, 그녀는 그 생각을 실현시키려고 첫발을 내딛은 셈이었다. 이것은 그녀의 긍정적인 사고방식이 잠재의식을 움직이기 시작했기 때문에 가능한 일이었다.

<u>날마다 습관처럼 되뇌는 말이 곧 현실이 된다.</u>

12_
잠재의식은 세상을 내 편으로 만들 수 있다

앞에서 끼리끼리 법칙을 다루었는데 이와 비슷한 것으로 '견인 법칙'이 있다.

잠재의식에 무엇인가 각인되었다는 사실은 곧 견인 법칙이 작용하기 시작했음을 의미한다. '견인'이란 '잡아끌다'라는 뜻이다. 마음 깊은 곳에서 무엇인가를 진정으로 소망하는 일은 머지않아 당신 앞에 현실로 나타난다.

하지만 한 가지 주의할 것이 있다. 앞에서도 말했지만 잠재의식에는 옳고 그름과 선하고 나쁨의 구별이 없다는 것이다. 만약 당신의 바람이 불순하다면 현실에 나타나는 것도 불순하다.

또한 당신이 어떤 일을 바라면서도 '아직은 무리겠지?', '도저히 이뤄질 리 없어!'라고 생각하면 견인은 힘을 잃고 만다. 무슨 일이든 '나는 할 수 있어!', '그것은 실현될 거야!'라는 자신감으로 임하며 끊임없이 자신을 격려해야 한다.

미국의 심리학자 윌리엄 제임스는 '잠재의식은 세계를 움직이는 힘이다'라고 말했다. 이는 잠재의식에 각인되면 곧 그것이 현실로 나타난다는 뜻이다.

다시 말해 잠재의식은 비록 어떤 한 사람이 강렬한 마음으로 조절할 수만 있다면, 온 세계를 내 편으로 끌어들일 수 있는 가능성까지 내포한 힘이다. 그렇다면 남자 친구 혹은 여자 친구 한 사람쯤 내 편으로 만들기란 식은 죽 먹기 아니겠는가?

하지만 명심하라. 그러기 위해서는 반드시 그렇게 될 것이라고 굳게 믿는 '자신감'이 필요하다는 사실을 말이다.

잠재의식을 강렬한 마음으로 조절할 수만 있다면
온 세계를 내 편으로 끌어들일 수 있다.

13_
자신에게 어울리는 이성을 찾는 법

그런데 '사랑하는 사람이 생겼으면 좋겠어', '결혼할 남자를 만나고 싶어', '나도 아내가 있으면 좋겠어'라고 단순히 생각하기보다 그 인물상을 구체적으로 그려보는 일이 무엇보다 중요하다.

잠재의식에는 선택의 기능이 거의 없기 때문이다. 될 수 있다면 자신이 원하는 이상형을 선명하게 그려서 의식의 밑바닥으로 보내지 않으면 원하지도 않는 이성을 만나는 전혀 뜻하지 않은 일이 벌어질 수도 있다.

예로 내 집을 갖고 싶어 하는 사람이 있다고 하자. 이 사람은 오랫동안 아파트에서 살았기에 정원이 있는 주택을 갖게 되기를 간절히 바란다. 하지만 전혀 실현될 기미가 보이지 않는다. 왜일까?

그것은 그 사람이 단지 '집이 필요해'라고 생각만 할뿐, 구체적인 상상을 전혀 하지 않기 때문이다. 만약 자신이 정말로 집이 필요하다면 그것이 어떤 집인지, 정원은 넓은지, 한옥인지 양옥인지를 이미지로 그려보아야 한다. 더 자세하게는 거실을 어떻게 꾸밀 것인지, 서재는 만들 것이지, 차고와 연못 등 최대한 구체적으로 그려야 한다. 모든 상상을 동원하여 선명히 그리지 않으면 잠재의식을 움직일 수 없기 때문이다.

사람에 대해서도 마찬가지다. 아내 될 사람을 찾는다면 자신의 기질이나 성격도 고려한 상태에서 어떤 유형이 이상적인지 마치 바로 옆에 두고 그림 그리듯 선명히 그려볼 필요가 있다.

가끔 '잠재의식의 이론대로 시도해 보았지만 거의 효과가 없었다'고 말하는 사람도 있다. 그런데 그들 대부분은 희망사항을 구체적으로 그려보지 않았다는 공통점이 있다.

머피 박사는 이렇게 말한다.

"당신이 원하는 인생 동반자가 갖추었으면 하는 성격이나 기질 등을 구체적으로 상상해 보십시오. 그러면 그에 상응하는 정신적인 에너지가 자신의 마음속에도 생깁니다. 그렇게 된다면 잠재의식을 통해 자신이 그리던 이상형을 만날 것입니다."

<u>원하는 이상형을 구체적으로 꾸준히 상상하라.</u>

14_
사랑에 실패하지 않는 비결

이성을 잘 사귀지 못하는 사람은 자신이 어떤 유형을 원하는지 잘 모른다는 공통점을 가지고 있다.

예를 들어 결혼을 하고 얼마 지나지 않아 이혼하는 사람이 있다. 또한 애인이 생겼는가 싶더니 어느새 헤어지고 만다. 특히 요즘 들어 이런 사례가 점점 늘고 있다.

물론 평생의 동반자로서 부적합하다고 생각했다면 헤어지는 방법도 그리 나쁘지는 않다. 그렇게 하지 않으면 두 사람 모두 불행해질 수 있기 때문이다. 하지만 문제는 이런 예가 여러 번 반복되는 사람이 있다는 것이다.

어느 날 머피 박사에게 한 여교사가 찾아와 상담을 청했다.

"저는 지금까지 세 번이나 결혼했고 세 번 모두 헤어졌습니다. 제가 만난 세 명의 남편들은 모두 소극적이었어요. 상대방에게 의존하는 경향이 강했고 무엇보다 여성적이었습니다. 그러면서 제게 모든 것을 의존하고 기댔지요. 전 그런 타입을 원하지 않았는데, 어째서 그런 사람만 만나는 거죠?"

그녀의 말에 머피 박사는 이런 질문을 했다.

"그렇다면 당신은 두 번째 만난 남편이 여성적인 성향이라는 사실을 알았습니까?"

"아니오. 만약 제가 알았다면 결혼하지 않았겠지요?"

그러자 박사는 말했다.

"당신의 성향이 남성적이어서 그것이 오히려 수동적인 남성을 선택하게 만든 겁니다. 원치 않는 남성상을 생각하기보다 원하는 남성상을 구체적인 이미지로 상상해보세요. 그리고 그런 남자를 만나 결혼할 수 있다는 사실을 굳게 믿기 바랍니다."

그녀는 머피 박사의 말대로 이렇게 염원했다.

'제가 남편으로 바라는 남자는 강하면서 애정이 넘치며 정직하고 성실합니다. 전 그를 믿고 항상 그와 함께할 거예요.'

<u>얼마 후 그녀는 한 병원에서 한 의사를 만났고, 그에게서 청혼까지 받았다.</u> 바로 그녀가 찾던 이상형이었다.

Part 05.
화목한 가정을 이룬다

가정의 황금률

01_
부부 사이의 황금률

한 쌍의 남녀가 같은 지붕 아래 살면서 서로 사랑하고 자식을 낳아 키워가는 게 바로 부부의 자연스런 모습이다. 그리고 우리 인생에도 어김없이 우주의 법칙인 황금률이 작용한다.

그래서 부부 사이가 원만하지 못하다면 서로가 황금률에 위반되는 사고나 행동을 한다고 보아야 한다. 혹은 황금률에 대해 무지하기 때문일지도 모른다.

머피 박사는 말한다.

"남녀를 막론하고 모든 인간에게서 흔하게 일어나는 문제들, 예를 들어 이혼, 별거, 끝없는 소송 등은 결국 그 원인을 찾아보면 의식하는 마음과 잠재의식의 작용, 그리고 그 둘의 상호관계 등에 무지하기 때문이라는 사실을 알게 됩니다."

남녀 사이는 상대를 향한 나의 생각이 바람직하지 못할 때 가장 나쁜 상황으로 치닫는다. 그래서 남녀 사이에 신뢰가 얼마나 중요한지 반드시 인식할 필요가 있다. 그런데도 어느 한쪽이 상대방을 의심의 눈초리로 바라보거나 마음에 불신이 가득하면 결국 잠재의식의 작용으로 그것이 현실로 나타나는 법이다.

한 예로 신혼부부가 있었다.

그런데 남편이 자신의 젊은 아내가 바람을 피운다고 의심하기 시작했다. 사실을 입증할 만한 물증은 없었다. 남편은 아내를 의심하면서도 더욱 깊이 사랑했다. 그렇지만 사랑하는 만큼 아내를 잃게 될지 모른다는 불안도 커졌고, 아내에 대한 의심은 일종의 강박관념으로까지 변할 정도였다.

남편은 아닌 듯이 행동했지만, 결국 아내는 자신을 믿지 못한 남편의 태도를 눈치챘고 남편에게 혐오감을 느꼈다.

그러던 어느 날, 젊은 아내 앞에 한 사나이가 나타났고 그녀는 남편을 배신했다.

아내는 남편에게 이혼을 요구했다. 그런데 여기서 섬뜩할 정도로 놀라운 사실은 남편이 막연하게 품고 있던 불안이 모두 적중했다는 것이다. 남편의 잠재의식에 존재하던 부부 사이의 파국이 현실로 나타난 셈이다.

앞서도 말했지만 잠재의식이란 옳고 그름이나 선함과 악함의 구별이 없다. 그래서 본인이 잠재의식에 각인시킨 일은 대개 실현되는 방향으로 나아간다. 따라서 남편의 마음자세는 결론적으로 아내와의 이혼을 바라고 있었다고 보는 편이 낫다.

물론 이는 본심에서 우러나온 게 아니다. 하지만 남편의 바람직하지 않은 심리가 뜻하지 않은 결과를 부른 것이다. 이 사례를 통해 얻을 수 있는 교훈이라면 '부부관계에서 서로를 신뢰하는 것이 무엇보다 가장 중요하다'는 사실이다. 다시 말해 부부가 서로 신뢰하면 이런 사태는 결코 일어나지 않는다.

<u>언제나 즐거울 수는 없지만</u>
<u>언제나 슬프지도 않다는 기본 법칙을 이해하고</u>
<u>늘 화목한 가정을 머릿속에 그려라.</u>
<u>그러면 잠재의식은 기적을 일으킨다.</u>

02_
서로 다른 환경에서 성장한 부부

어느 날 한 중년 부인이 몹시 흥분한 상태로 머피 박사를 찾아왔다. 그리고 부인은 세 번째 결혼마저 실패로 끝나갈 지경이라며 박사에게 조언을 구했다. 지금까지 결혼 상대가 이름만 다를 뿐 매번 같은 유형의 남성이었으며 첫 번째 결혼보다는 두 번째 결혼이, 두 번째 결혼보다는 세 번째 결혼이 더 심각하다며 어찌된 일인지 모르겠다는 것이었다.

이 부인의 문제는 머피 박사가 보기에 재산을 전부 빼돌려 도망가 버린 첫 남편 때문에 생긴 것이었다. 부인은 그가 너무 원망스러워서 첫 남편을 잊어버릴 수 없었고 늘 잠재의식 속에 강하게 각인되어 정신적인 상처로 남아 제2, 제3의 남편에게도 첫 남편을 끌어당길 수밖에 없었던 것이다. 부인은 머피 박사의 말을 듣고 새로운 사실을 깨닫게 되었다.

"여태까지 저는 첫 남편이었던 사람들에게 원한과 노여움과 적의를 품고 있었습니다. 그런 태도를 가지고 있었으니 언제나 똑같은 유형의 남자를 만날 수밖에 없었던 거지요. 지금 생각해 보니 제가 남편을 비난했던 것도 따지고 보면 그가 알코올 중독이거나 노름꾼이라는 사실에서 비롯된 것이 아니라 제 자신의 두려움과 불안을 표현하는 것에 지나지 않았던 것 같습니다."

부인은 세 번째 남편과 진지한 대화를 나눈 뒤 결혼 생활을 새로 시작하자는 데 의견을 같이했다. 또한 세 번째 남편은 술과 도박을 그만두겠다는 약속도 했다. 변해야 할 사람은 남이 아닌 바로 자신들임을 깨닫게 되었다.

또 이혼을 결심한 부부가 있었다. 아내는 남편을 끊임없이 경멸했다. 사교모임 같은 자리에서도 시종 남편을 꾸짖거나 험담하기 일쑤였다. 반면 남편은 수동적이고 소심해서 부인에게 말 한 마디도 제대로 하지 못했다.

결혼한 지 20년이나 되었지만 두 사람의 어긋난 결혼생활은 신혼 때 시작되어 줄곧 악화되기만 해왔다. 알고 보니 남편을 무시하고 신뢰하지 못하는 것은 아내의 성장 환경에서 그 원인을 찾을 수 있었다. 친정아버지의 무책임하고 문란한 생활이 어린 가슴에 큰 상처로 남아 있었던 것이다. 그런 아내의 어린 시절은 성장 후 남성에 대한 불신감으로 이어졌다. 그런데 그토록 원망하고 저주했던 아버지의 모습이 결혼 후 남편에게서 다시 발견되었다. 아내는 남편을 넓은 마음으로 포용하지 못하고 남편의 행위를 꾸짖거나 비난하기 일쑤였다. 아내의 그런 행위로 인해 두 사람의 잠재의식에 큰 영향을 주어 날이 갈수록 부부 사이는 악화되어 이혼을 결심하게 된 것이다.

박사는 두 사람에게 간단한 기도 방법을 가르쳐 주고, 하루에 두 번씩 거울 앞에 서서 기도문을 외우도록 지시했다. 박사가 제시한 기도문은 다음과 같았다.

'저는 남편과 그의 친척에게 사랑과 평화의 마음으로 선의를 다하겠습니다. 저는 남편을 사랑하고 존경합니다. 우리의 관계는 나날이 좋아지고 있습니다.'

'저는 아내를 사랑하고 존경합니다. 두 사람 사이에 부조화가 생길 때는 조화가, 괴로움이 있을 때에는 즐거움이, 증오가 있을 때에는 사랑이 존재하게 될 것입니다.'

이 기도문은 놀랍게도 두 사람의 잠재의식에 침투해서 기도한 내용 그대로를 실현시킬 수 있게 되었다.

이 같은 가정불화는 결혼이 전제되기 전부터 이미 예견할 수 있는 일이었다. 그러므로 상대방을 무작정 비난하기보다는 넓은 마음으로 포용하고 사랑으로 해결할 수 있도록 해야 할 것이다.

<u>우주를 단 한 사람으로 축소하고,</u>
<u>한 사람을 신으로 확대하면 그것이 바로 사랑이다.</u>
- 빅토르 위고

03_
부부 사이가 위기에 직면했을 때

부부 사이가 위험에 직면하면 대체로 말다툼이 많아진다. 이유야 많겠지만 근본적으로 서로 대화가 부족하다는 점을 지적하지 않을 수 없다.

사람은 누구나 자신의 주장이나 걱정을 다른 사람에게 말하고 싶어 한다. 비록 그 사실이 정확하지 않고 단순한 푸념일지라도 어떤 형태로든 밖으로 표출하기를 원한다.

마음속에 쌓여 있던 고민이나 자신의 주장을 다른 사람에게 털어놓으면 울적했던 마음이 편해지는 것을 느낀다. 허물없이 지내는 사람에게 가볍게 던진 많은 말들 가운데 대부분이 타인의 험담이면서 마음속에 묻어둔 자신의 불평불만들인 경우이다.

하지만 잠재의식을 아는 사람은 부부 사이에 위기가 닥쳤을 때 아무렇지 않게 배우자에 대한 이야기를 타인에게 말하는 게 얼마나 위험하고 나쁜 영향을 끼칠 수 있는지를 이미 깨닫고 있다. 그들은 이웃이나 친척, 혹은 친한 친구에게 남편이나 아내의 험담을 늘어놓는 일이 자신의 평생 반려자를 깔보는 행위이며 자신을 초라하게 만드는 일이란 사실을 아는 것이다.

그뿐만이 아니다. 그 험담으로 자신의 잠재의식에 좋지 않은 이미지가 각인되고 그것은 결국 나쁜 현실이 되어 자신에게 되돌아올 수 있다. 그래서 우리는 더욱 머피 박사의 충고에 귀를 기울일 필요가 있다. 박사는 말한다.

"부부관계가 원만하지 못하다고 해서 상담 전문가 외의 다른 사람에게 무턱대고 이야기해서는 안 됩니다."

왜일까? 이 물음에 박사는 또 이렇게 답한다.

"그것은 자신의 아내 혹은 남편의 결점을 이야기하거나 혹은 생각만으로도 자신의 내부에 실제로 그런 상황이 만들어지기 때문입니다. 그런 생각을 하거나 그렇게 느끼는 주체가 도대체 누구입니까? 그것은 두말할 것도 없이 바로 자기 자신입니다. 자신의 생각 또는 느낌은 곧 자기 자신과 똑같습니다."

배우자에 대한 불만은 이런 식으로 그 사람의 몸에 습관처럼 밴다. 하지만 한편으로 다음과 같이 생각할 수도 있다.

"세 사람이 모이면 문수보살의 지혜가 생긴다고 하지 않습니까? 두 사람 사이에서 문제를 해결하려고 하지 말고 타인을 개입시킴으로써 더 좋은 해결책이 떠오를 수 있잖아요."

물론 일리 있는 말이다. 하지만 머피 박사는 이 의견에 대해 다음과 같이 경고한다.

"가까운 사람이나 친척은 당신에게 적절치 못한 충고를 주기 쉽습니다. 그들은 당신과의 친분을 염두에 두어 편견이나 선입견의 지배를 받거든요. 조화의 법칙인 황금률을 깨트리는 충고는 아무리 선의로 했다고 해도 건전하다고 볼 수 없습니다."

즉, 이렇게 정리할 수 있다. 어떤 부부라고 해도 한 지붕 밑에서 살다 보면 성격이나 기질이 달라 아주 사소한 일로 싸우기 쉽고, 상대방에 대해 불만도 많고 화도 자주 내지만 함께하는 모든 시간이 그렇지는 않다. 반대로 즐겁고 사랑과 신뢰로 서로를 감쌀 수 있는 따뜻한 시간도 있을 것이기 때문이다.

<u>자신의 결혼에 대한 불만이나 불행을
타인에게 이야기하는 행위는 마땅히 삼가야 한다.
위기가 닥쳤을 때는 이 점에 특히 주의해야 한다.</u>

04_
부부 사이에 대화는 필수적이다

신경쇠약과 출혈성 궤양으로 두 달 동안 병원 신세를 지게 된 부인이 있었다. 그 부인은 남편이 생활비도 제대로 주지 않으면서 집안일에 사사건건 간섭한다고 불평했다. 두 자녀들을 교육시키며 생활을 유지해 나가려면 남편이 주는 돈으로는 턱없이 모자란데도 돈을 헤프게 쓴다며 자신을 도리어 닦달한다는 것이었다. 그래서 아이들에게도 변변찮은 음식에 허름한 옷을 입힐 수밖에 없다는 것이었다.

게다가 남편은 모든 종교가 장삿속이 빤하다면서 교회에도 못 나가게 하고, 유일한 취미인 피아노도 치지 못하게 했다. 부인은 남편을 무척 원망하고 있었고 그 억눌린 분노와 욕구불만이 결국 부인을 신경쇠약과 궤양으로 몰고 간 것이었다.

남편의 태도에 큰 문제가 있긴 했지만 모든 것을 묵묵히 받아들였던 부인에게도 문제가 있었다. 결혼은 결코 상대의 희망을 꺾거나 인격을 손상하기 위한 허가증이 아니다.

이 부부의 가장 큰 문제는 대화 부족이었다.

"당신들에게 지금 필요한 것은 서로에게 자신의 생각을 전달하는 일입니다. 상대의 장점을 인정하고 북돋아주는 대화를 나누도록 하십시오."

완고하던 남편도 머피 박사의 말에 동의했다. 그동안 아무 말 없이 남편인 자신의 말에 따라주었기 때문에 아내가 그런 생각을 하고 있으리라고는 생각지도 못했다고 말했다.

곧 두 사람의 대화는 신혼시절로 거슬러 올라갔다. 아내는 남편이 신혼시절에 보여주었던 자상함을 생각해 냈고 남편은 아내의 쾌활한 성격과 매력적이던 미소를 기억해 냈다. 게다가 오래도록 잊고 지냈던 즐거웠던 추억들도 떠올렸다.

대화가 오고 간 뒤 남편은 집안일에 더 이상 간섭하지 않았으며, 아내는 다시 피아노를 치고 교회에도 나갈 수 있게 되었다. 서로에 대한 이해심이 높아지자 부인은 얼마 되지 않아 퇴원을 했고, 부부 사이도 예전처럼 좋아지게 되었다.

어떤 부부라도 한 지붕 아래서 매일 함께 생활하다 보면, 성격

차이나 사소한 오해로 충돌하거나 기분 상하는 경우가 있다. 하지만 그 이면에는 즐거움과 신뢰와 사랑으로 충만한 시간도 많다는 사실을 깨달아야 한다.

<u>행복한 결혼은 약혼한 순간부터 죽는 날까지
지루하지 않은 기나긴 대화를 나누는 것과 같다.</u>
- 앙드레 모루아

05_
상대방을 내 틀에 맞추려 해서는 안 된다

　배우자와의 성격 차이로 갈등하는 사람들이 많다. 대부분 서로가 상대방을 인정하지 못하고 상대방의 성격을 자신의 틀에 억지로 맞추려 하기 때문에 생기는 현상이다. 그러나 상대방의 성격을 바꾸려는 시도는 어리석은 일이다. 스스로 달라지려고 하지 않는 한 상대의 성격을 바꾸기란 매우 어렵기 때문이다.
　그런데도 많은 사람이 무리하게 상대를 자신에게 맞추려는 시도를 하고 있다. 물론 악의로 그러는 것은 아닐 것이다. 어떻게 보면 오히려 상대방에 대한 사랑이 깊기 때문에 생기는 욕구일 수도 있다. 그러나 그것은 올바른 방법이 아니다. 무조건 상대의 변화를 요구하는 것은 의도가 어찌 되었든 인격을 무시하는 처사인 것이다. 더구나 사람의 기질이나 성격은 아주 오랜 기간에 걸쳐 형성되고 다져진 것이어서 쉽게 변화할 수 있는 것이 아니다.

세상에는 가치관 문제로 이혼한다는 사람을 간혹 볼 수 있다. 하지만 대부분 가치관의 문제라기보다는 다른 사람을 자신에게 맞추고 싶어 하는 자기중심적인 사고방식에서 발생한 문제이다.

결혼이란 태어나고 자란 과정이 전혀 다른 남녀가 한 지붕 밑에서 생활하는 것이므로 서로 가치관이 다를 수밖에 없다. 하지만 서로 다른 환경에서 자라고 다른 교육을 받고 자란 남녀들도 결혼 후 몇 십 년이 흐른 다음에는 사고방식이나 취향, 생활태도 등이 자신도 모르는 사이에 서로 비슷해지기도 한다.

그러므로 결혼을 했으니 확실하게 길들여야겠다고 생각하는 것은 무모한 짓이다. 사람들의 일상적인 행동은 표면에 나타난 일부에 지나지 않는다. 또한 그것은 한순간에 이루어진 것이 아니며 오랜 세월에 걸쳐 현실에 적응한 결과이기도 하다.

자신의 틀에 맞추어 상대방이 고쳐야 할 점을 헤아린다면 그야말로 끝이 없다. 하나하나 고치려고 한다면 일생을 바쳐도 모자랄 것이다. 악전고투를 통해서 결국 알게 되는 것은 '사람은 스스로 변화하려고 하지 않는 한 변화시킬 수 없다'는 명제뿐이다.

아내나 남편에게서 고쳤으면 좋겠다고 생각하는 점이 있다면 스스로 고칠 수 있도록 도와주어야 한다. 대신 단점을 지적하고 비난하는 것이 아니라 달라졌으면 하는 부분을 당신이 먼저 실행해야 한다. 그리고 상대방의 좋은 점을 칭찬하면서 당신의 희망사항이 무엇인가를 알려주는 것이 좋다.

진실하게 맺어진 부부는
젊음의 상실이 불행으로 느껴지지 않는다.
왜냐하면 같이 늙어가는 즐거움이
나이 먹는 괴로움을 잊게 해주기 때문이다.

- 앙드레 모루아

06_
가정을 파괴하는 나쁜 습관을 없애는 방법

가정을 파괴하는 주범 가운데 하나로 술버릇이 있다. 예를 들어 남편이 술버릇이 아주 나쁘다면 어떻게 하면 좋을까? 이에 대해 머피 박사는 다음과 같은 실례를 들고 있다.

J씨라는 사람이 있었는데 그는 아주 오랫동안 나쁜 술버릇으로 고생했다.

"저도 잘 알고 있습니다. 과음이 결국 모든 것을 망친다는 것을요. 저도 몇 번이나 술을 끊으려고 했습니다. 그런데 그때마다 번번이 실패하고 말았어요. 저는 도저히 가망 없는 사내인가 봅니다."

J씨는 결국 나쁜 음주 습관으로 가족에게 버림받았고 집으로 돌아갈 수도 없는 처지가 되었다. 하지만 그에게는 그 상황에서 벗어

나고 싶은 간절한 마음이 있었다. 그 마음을 확인한 머피 박사가 그에게 말했다.

"당신은 의지가 약한 게 아닙니다. 실제로 지금도 음주벽을 고치려는 마음을 갖고 있지 않습니까? 이렇게 생각해보면 어떨까요? 당신은 지금 어쩌다가 나쁜 습관으로 고생하고 있습니다. 그런데 그것은 그럴만한 나쁜 조건 아래 놓여 있었기 때문입니다. 나쁜 조건이 있다면 좋은 조건이란 것도 있지 않을까요. 그 조건으로 바꿔보는 겁니다."

박사는 황금률에 관해서 말했다.

"당신이 술을 끊으려고 마음먹었을 때, 이내 머릿속에 떠오른 생각은 실패했을 때의 자신의 모습이 아니었나요? 그리고 자신이 왜 술을 끊어야 하는지를 생각했을 때 부인이나 아이들의 비난과 괴로워하는 표정이 먼저 떠올랐지요? 그것을 이제 고쳐봅시다. 당신이 술을 끊고 집으로 돌아가 가족과 함께 슬겁게 식사하는 모습을 떠올려보는 겁니다. 부인이 기뻐하고 아이들이 떠들며 즐거워하는 그런 모습을 상상해보는 겁니다."

물론 J씨의 오랜 습관 때문에 가족들이 즐거워하는 모습을 상상하기란 매우 어려운 일이었다. 그러나 박사의 말대로 그는 지속적으로 자신이 바뀐 모습을 상상했다.

"자신이 바보가 되었다고 생각하고 몇 번씩 반복해보십시오. 그리고 술을 마셔야만 할 때는 죄의식에 빠지지 말고 술을 마시는 일도 때로는 필요하다 생각하고 즐겁게 마시면 됩니다."

이 조언은 그에게 큰 힘이 되었다. 참으로 이상했다. 박사의 말처럼 '술을 마시는 일도 때로는 필요하다'고 자신에게 들려주는 사이에 술을 마시는 횟수가 자연스레 줄어들기 시작한 것이다. 그리고 차츰 가족이 기뻐하는 모습이 머릿속에 떠오르기 시작했다.

그래서 J씨는 한 번도 금주를 맹세하지 않고 음주벽에서 벗어날 수 있었다. 금주를 맹세하고, 다시 맹세를 깨고, 또 맹세하고, 다시 깨는 악순환을 거치지 않았다. 그는 어느새 술에 빠져 사는 일이 없어지고 행복한 가정으로 돌아갈 수 있었다. 그리고 훗날 머피 박사의 황금률을 활용해 그는 대기업의 회장 자리에까지 올랐다.

위의 J씨처럼 가정의 행복을 깨는 나쁜 습관을 고치기 위해서는 현재의 자신을 책망하기보다는 그 상황을 그대로 인정하는 것이 오히려 효과적일 수 있다. 일단 인정한 상태에서 천천히 수정해 나가겠다는 그런 마음가짐을 가져보는 게 좋다. 대체로 마음 약한 사람이 굳은 맹세를 자주 하고 쉬이 깨트린다. 그런 악순환은 결국 그 사람의 잠재의식 속에 '아무리 맹세해도 실행하지 못할 정말 한심한 나'란 생각만 각인시킬 뿐이다.

<u>행복의 원리는 간단하다. 불만에 속지 않는 것이다.</u>

07_
가정폭력에 대한 대처법

 가정을 파괴하는 주범 가운데 또 하나로 남편의 폭력을 들 수 있다. 실제로 우리 주변에는 폭력을 휘두르는 남편이 종종 있다. 그래서 아내와 아이들은 항상 바늘방석이다. 가정폭력은 가정의 붕괴와 이혼의 가장 큰 원인 가운데 하나로 꼽힌다.
 특히 음주 뒤에 이어지는 폭력은 술로 말미암은 일종의 정신착란으로 해석해도 좋다. 그러므로 무엇보다 먼저 술버릇을 고쳐야 한다. 술만 마시지 않으면 '좋은 아버지'가 되는 사례가 많기 때문이다. 정작 심각한 문제는 그다지 술을 마시지 않는데도 가정에서 폭력을 휘두르는 것이다.
 이런 사례가 있다.

사회적으로 높은 지위에 있는 아주 엄격한 아버지가 있었다. 흔히 이런 가장의 폭력에는 일단 교육적인 깊은 뜻이 담겼다고 보는 게 통례인데 이 아버지도 예외는 아니었다. 아버지는 아이가 나쁜 행동을 했을 때 매를 들거나 추운 날에 밖으로 내몰았다. 또 가끔씩은 아내에게도 폭력을 휘둘렀는데 이 또한 자기 나름의 가치관으로 '그렇게 하는 게 옳다'는 굳은 신념 때문이었다.

아버지의 폭력에 가족은 감히 반항하지 못했다. 또 폭력의 정당성에 대한 시시비비는 그런 일이 야기된 정확한 정황이 밝혀지지 않은 채 유야무야 넘어갈 때가 많았다.

어쨌든 아이들이 어렸을 때는 그럭저럭 넘어갔지만 사춘기를 맞이할 무렵부터 아버지의 폭력에 대해 의문을 가지기 시작했다. 하지만 오랜 시간 타성에 젖어 있던 아버지는 그 사실을 알게 된 후에도 폭력을 멈추기는커녕 오히려 더 심해지고 가정이 붕괴될 위험한 지경에까지 이르렀다. 결국 아이들이 집을 나가고 말았다. 그때서야 아버지는 엄한 가정교육이 곧 자신의 결벽증과 욕구불만 때문이었음을 깨달았다

그 아버지는 결국 자살하고 말았다. 아버지가 남긴 유서를 통해 나중에 모든 사실을 알게 되었지만, 아이러니한 점은 엄격한 아버지 밑에서 자란 그 아이들이 사회인으로서 훌륭히 성장했다는 점이다. 물론 마음에 남겨진 상처를 부정할 수 없겠지만 한편으로 아

버지의 교육방법이 전혀 나빴다고 할 수도 없게 되었다. 그렇지만 중요한 것은 성장 과정에서 가족들이 받았을 괴로움과 상처를 결코 가벼이 여겨서는 안 된다는 점이다. 게다가 폭력이 아니더라도 아이들을 교육시킬 방법은 얼마든지 있다.

위 사례에서 알 수 있듯이 정당화할 수 있는 폭력은 없으며 교육상으로 마찬가지다. 또 정상적인 자녀교육은 폭력을 통해서 이루어지는 것이 아니다.

그렇다면 이러한 폭력을 어떻게 하면 멈추게 할 수 있을까? 무엇보다 가족의 협력이 필요하다. 폭력의 도화선 역할을 하는 원인을 제거하는 일은 그다지 중요하지 않다. 그 원인이란 한 가지를 제거하더라도 다른 곳에서 다시 나타나기 때문이다.

중요한 점은 폭력을 휘두르는 아버지의 심리를 변화시켜야 한다는 사실이다. 그래서 가족들이 아버지를 이해할 필요가 있다. 그렇게 하지 않으면 아버지는 점점 더 궁지에 몰려 폭력이 더 심해지든가 아니면 자신을 스스로 벌하는 방법 가운데 하나를 선택할 수밖에 없다.

그래서 중요한 것은 아버지를 무조건 나쁜 사람으로만 몰고 가서는 안 된다는 사실이다. 오히려 심리적인 병이라고 생각하고 아픈 사람을 대하듯이 해야 한다. 성격 이상이 아닌 한 폭력은 나름대로 숨겨진 이유가 있다. 무엇 때문에 폭력을 쓰게 되었는지 생각해 보아야 한다. 표면에 나타난 이유만 가지고 다투는 것은 문제의 해결을 점점 지연시킬 뿐만 아니라 가족을 혼란시켜 가정을 파괴시키는 결과를 가져올 뿐이다.

<u>눈물로 걷는 인생의 길목에서 가장 오래,
가장 멀리까지 배웅해주는 사람은 바로 가족이다.</u>
- 웰스

08_
이혼을 피하는 방법

머피 박사는 '이혼은 먼저 마음속에서 시작된다'고 말한다. 사회적 이혼은 법률상의 절차이겠지만 거기에 이르기까지의 과정이야 말로 이혼의 진짜 원인이며 그것은 서로의 마음자세의 결과다.

원인과 결과의 법칙으로 말하자면 표면상으로 나타난 이유 즉 상대방의 바람, 폭력, 악의적 태도 등에는 각각의 간접적인 원인이 있다.

그런데 그러한 간접적인 원인에 대해서는 서로 눈치를 채지 못할 때가 대부분이다. 예를 들어 '남편은 집에 있을 때가 많지 않다', '나에게 너무 무관심하다'라고 불평하는 아내는, 남편이 아내를 생각할 때 잔소리가 심하여 곁에 있기만 해도 귀찮고 피곤한 존재로 본다는 사실을 잘 모르고 있을 수도 있다.

또한 '아내가 집안일을 제대로 하지 않는다'고 불평하는 남편은 자신의 행동이 아내를 안절부절 못하게 만든다는 사실을 전혀 깨닫지 못하고 있을 수 있다.

즉, 다시 정리하자면 부부가 헤어지는 원인은 많겠지만 결정적으로 서로 대화가 부족하며 상대에 대한 배려가 거의 없다는 점을 들 수 있다.

따라서 만약 위기에 직면한 부부가 잠재의식을 활용할 줄 알면서 서로에 대한 노력을 게을리 하지 않는다면 아마 열 쌍 가운데 아홉 쌍은 이혼을 피할 수 있을 것이다.

결혼은 자연의 섭리로 행해지지만 이혼은 절대 그렇지 않다. 자신들의 결혼이 완전히 잘못되었다고 판단하는 부부를 제외한 나머지는 이혼을 선택하지 않는 편이 현명하다.

<u>행복한 결혼의 비결은 간단하다.</u>
<u>그것은 가장 절친한 친구들을 대할 때처럼</u>
<u>서로 예절을 지키는 것이다.</u>

– 로버트 킬렌

09_
낭비벽이 심한 아내

대체로 남성에 비해 여성의 낭비가 더 심하다고들 말한다. '왜 그럴까?'에 대한 의견은 분분하지만 남성보다 쇼핑할 기회가 많다는 사실도 그 원인 가운데 하나라는 의견이 많다.

그런데 여성의 소비 동향은 경제와 밀접한 관계가 있다. 유태인의 상술에도 성공하기 위해서는 끊임없이 여성의 지갑을 노리라는 말이 있듯이 오늘날에도 이 격언이 예외라고 할 수는 없다. 그러나 한편으로 아내의 과도한 낭비벽이 가정경제에 바람직하지 않다는 사실을 아내 자신도 알고 있다.

아내가 필요 이상으로 돈을 쓰는 데는 나름대로 이유가 있는데 대부분은 스트레스 해소를 위한 낭비다. 만약 아내에게 무관심한 남편이 그저 벌어온 돈을 건네는 것으로 아내에 대한 의무를 다했다고 생각한다면, 이런 남편의 행동에 불만이 쌓인 아내가 으레 선택하는 스트레스 해소 방법은 바로 쇼핑이다.

이런 습관을 고치려면 먼저 그 원인을 규명할 필요가 있다. 단순히 도덕성이나 경제 상태를 들먹이며 따지는 행동은 그다지 실효성이 없다. 그런 원론적인 말은 이미 누구나 알고 있기 때문이다. 낭비벽은 대체행위라는 점을 결코 간과해서는 안 된다.

한 아내가 남편의 무관심에 화가 난 나머지 남편의 수입 이상을 지출해 가계를 엉망으로 만들고 말았다. 무언가 깨달은 바가 있는 남편이 머피 박사에게 편지를 보내 상담을 구했다.

"아내의 과소비로 지금 이혼을 생각하고 있습니다. 심할 때는 지출이 제 수입의 세 배나 될 때도 있습니다. 게다가 지금 당장 돈이 모자라 빌려야 할 지경입니다. 덕분에 저는 앞으로 5년 동안 한눈팔지 않고 열심히 돈만 벌어야 할 형편입니다. 그래도 빌린 돈을 전부 갚을 수 있을지 걱정이 앞섭니다. 아내가 낭비벽만 없다면 정말 나무랄 데 없는 사람입니다. 아내의 낭비벽을 고칠 수 있는 방법은 없을까요? 만약 그것이 불가능하다면 저는 아내와 헤어질 생각입니다."

실제 편지는 이보다 더 길어 뒷부분에는 아내가 어떻게 낭비를 하는지를 상세하게 적고 있었다. 편지를 다 읽고 난 머피 박사는 다음과 같이 답장을 써서 보냈다.

"부인의 낭비에 대해서는 아주 잘 알고 있으면서, 왜 낭비를 하는지에 대해서는 한 번도 신중하게 생각한 적이 없는 것 같군요. 그렇죠? 단지 부인에게 낭비가 나쁘다고 말하는 것으로 문제는 해결되지 않습니다. 틀림없이 부인도 자신의 행동이 나쁘다는 사실을 알고 있을 겁니다.

그렇다면 나쁘다는 사실을 알면서도 부인이 낭비가 심한 이유는 무엇일까요? 그 원인은 아마 당신에게도 있다고 생각됩니다. 당신은 평소 부인을 어떻게 대하고 있나요? 한번 곰곰이 생각해보세요. 그저 돈을 관리하는 사람쯤으로 여기지는 않았나요? 부부로서 건설적인 대화를 나눈 적은 있나요? 마땅히 의논해야 하는데 업신여긴 적은 없나요? 그렇습니다. 지금 부인은 당신에게 위험신호를 보내는 것입니다."

얼마 지나지 않아 남편은 다시 머피 박사에게 편지를 보내왔다. 편지 속에는 아내의 낭비벽이 아주 말끔히 없어졌다고 적혀 있었다. 아내의 심리 상태는 박사가 추측한 대로였던 것이다.

<u>부부란 둘이 서로 반씩 되는 것이 아니라
하나로써 전체가 되는 것이다.</u>

- 반 고흐

10_
자녀의 가장 훌륭한 스승은 부모

 과연 아이들이란 당연히 부모가 하는 말을 잘 들어야 할까요? 또 실제로 아이들은 잘 듣고 있나요?
 "바르게 지도한다면 틀림없이 잘 들을 겁니다"라고 누군가 대답할지 모르겠다.
 그런데 이렇게 부모가 하는 말을 곧이곧대로 잘 듣는 아이는 오히려 더 위험하다. 물론 그 집안 배경이나 사정에 따라 차이는 있겠지만 한 통계에 따르면 어렸을 때 부모에게 그다지 걱정을 끼치지 않던 아이가 커서 문제아가 될 확률이 높다고 한다.
 만약 어려서부터 엄하게 교육시킨다면 대체로 아이는 부모가 시키는 대로 행동하고 당장은 부모가 원하는 아이로 키우는 일은 가능하다. 하지만 그것은 부모가 봤을 때 그저 키우기 쉬웠을 뿐이지 독립적인 인격체로 봤을 때 훌륭한 인간으로 성장했는지는 의문이 들지 않을 수 없다.

흔히 다음과 같은 말을 자주하는 부모가 있다.

"우리 집 애는 어째서 부모 말을 듣지 않을까요?"

이 부모는 한 가지 큰 착각을 하고 있다. '부모가 말하면 아이는 당연히 말을 잘 들어야 한다'는 사고방식이 바로 그것이다. 정말 그런 일이 가능케 하려면 철저하게 아이를 억누르며 키워야 한다.

그런데 제아무리 정의감에 불타는 강직한 성격의 사나이라 해도 강도가 권총을 눈앞에 들이대면 싫어도 두 손을 번쩍 든다. 일단 그렇게 한 상태에서 상황을 봐가며 강도의 빈틈을 노린다. 부모가 하는 말에 잘 따르는 아이도 이와 무척 닮았다고 할 수 있다.

'일단은 부모님이 이래라저래라 간섭이 많고 말도 많으니 일단 얌전하게 하라는 대로 하고 보자'는 상태가 계속되다 보면, 겉과 속이 다르거나 분위기는 잘 타지만 성실함이 부족한 그런 아이로 자라기 쉽다.

물론 아이란 성장과 더불어 자연환경에서 많은 것을 배우지만 그중에서도 가장 살아 있는 교육이라 한다면 역시 '부모'이다. 무엇을 하라고 시키지 않더라도 부모가 살아가는 모습을 바라보는 그 자체로 최고의 공부가 된다.

그런 점에서 한 가지만은 제대로 기억하자. 바로 '아이는 부모가 말하는 대로는 하지 않지만 부모가 하는 대로는 한다'는 것이다. 그래서 부모는 먼저 자신이 아이에게 떳떳할 수 있도록 행동하고 말해야 한다. 어떤 이유를 들어 '이렇게 해야 한다' 혹은 '저렇게 해야 한다'는 식의 설교는 그 다음의 일이다.

그런데 많은 부모들, 특히 어머니들은 '다른 사람을 만나면 꼭 인사하거라', '다른 사람을 험담해서는 안 된다'라고 말하면서 정작 자신들은 아침에 일어나 남편에게 제대로 된 인사를 건네는 법이 없고 일 년 내내 이웃 험담에 열을 올린다. 본인들은 자녀에게 하는 말처럼 행동하지 못하면서 이래라저래라 한다면 그야말로 모순이 아닐 수 없다.

머피 박사는 말한다.

"아이가 부모의 말에 무조건 따라야 한다고 생각해서는 안 됩니다. 아이가 그렇게 하기를 바란다면 그 전에 자신이 먼저 그렇게 행동하여 모범을 보여야 합니다."

<u>부모의 좋은 습관보다 더 좋은 아이 교육은 없다.</u>

11_
자녀교육의 황금률

잠재의식 이론은 자녀교육에도 응용할 수 있다.

머피 박사는 다음과 같은 실례를 들고 있다. 물론 들어 보면 좀처럼 믿기지 않겠지만 틀림없는 실화이다.

어떤 소년의 아버지가 자식의 장래를 무척 걱정했다. 아이의 학교 성적이 생각보다 좋지 않았고, 게다가 담임선생님에게서 특수학교에 입학시키는 편이 좋을 것 같다는 말을 들었기 때문이다. 담임선생님의 말을 듣고 보니 과연 아버지의 눈에도 자식은 동작이 둔하고 배우고 익히는 데도 형편없이 늦어 보였다. 하지만 아버지는 그런 아들이 다른 아이보다 뒤떨어졌다고는 생각하고 싶지 않았다.

그때 마침 잠재의식 이론을 알고 있었던 아버지는 어느 날부터인가 '내 아들은 저능아가 아니다'라고 생각하기 시작했다. 그리고 그날부터 아들이 날마다 시험성적표를 가지고 와 "아버지! 보세요! 전부 100점이에요!"라고 큰 소리로 외치는 모습을 상상했다.

이런 자기 암시를 아버지는 매일같이 반복했다. 잠재의식을 잘 모르는 사람은 잘 믿기지 않겠지만 아버지의 그런 상상은 시간이 갈수록 점점 현실처럼 느껴졌다. 그리고 얼마 후 정말 기적 같은 일이 일어났다. 아들의 아둔한 모습은 사라지고 성적이 쑥쑥 오르더니 상위권에 들어가는 결과를 가져온 것이다.

많은 사람이 이 이야기를 듣고 지어냈다고 생각할지 모른다. 하지만 그렇게 생각하는 이유는 잠재의식의 위대한 힘을 모르기 때문이다. 기적 같은 이런 이야기는 사실 어느 곳에서도 일어날 수 있다. 필자가 이 이야기를 건넨 어느 중학교 교사는 "그것은 어느 곳에서나 흔히 일어날 수 있는 일이다"라고 증언까지 해 주었다.

그의 말에 따르면 정말 아무 짝에도 쓸모없다고 평가 받던 열등생이 불과 이삼 개월이라는 짧은 시간에 몰라볼 정도로 뛰어난 성적을 거두는 사례도 무척 많다고 한다.

어떻게 그런 일이 가능한지 머피 박사는 다음과 같이 설명한다.

"아버지의 믿음이 잠재의식 속의 이성과 예지를 움직였고 그것이 아들의 마음속 깊이 파고든 것입니다. 그리고 결국 아들은 아버지의 믿음을 훌륭하게 현실로 만든 것이지요."

흔히 주위에서 '너는 바보다'라는 말만 듣던 아이는 정말로 나중에 바보가 되고 '너는 머리가 좋다'라는 칭찬을 많이 받은 아이는 똑똑한 아이로 성장한다고 한다. 이 말은 사실이다. 그러므로 잠재의식 이론에 근거하여 자녀를 교육시키고 싶다면 부정적이고 파멸적인 이야기나 행동을 해서는 안 된다.

'인생은 당신이 생각한대로 이루어진다'는 법칙은 비단 당신 자신뿐만 아니라 당신의 주위에도 영향을 끼치기 때문이다.

자녀의 성적을 올리고 싶다면 먼저 아이를 진실로 믿는 일부터 시작해야 한다. 하지만 정작 대부분의 부모들이 그와 반대되는 일을 하고 있다.

"너는 왜 이렇게 성적이 나쁘니!"
"열심히 공부하지 않으면 나중에 ○○에게 지고 말 거다!"
"좋은 대학교에 들어가지 못하면, 좋은 회사에 들어가지 못해!"

경쟁을 중시하고, 미래를 부정적으로 단언하는 이런 말들이 아이 마음에 얼마나 많은 상처를 줄지 한번 깊이 있게 생각해보라. 우리 주변에 이런 말들을 남발하는 부모들이 사라지지 않는 한 청소년 비행이나 등교 거부, 교내 폭력, 가정폭력 등의 사회문제가 되고 있는 일들은 아이들이 아닌 어른들의 잘못된 사고방식이 초래한 것이란 지적이 많다.

부모가 자식을 믿고 학교 선생님도 학생을 믿는다면 지금의 교육현장에 잔존하는 황폐함은 머지않아 해결될 것이라 믿는다.

지금의 이러한 황폐함은 바로 어른들의 마음속에 그려진 풍경에 지나지 않음을 명심해야 한다.

<u>우열을 다투다 보면 승자는 항상 소수에 불과하지만,</u>
<u>남과 다른 능력을 갖게 된다면</u>
<u>모든 인간은 서로 인정받고 협조하여 공존할 수 있게 된다.</u>

12_
고부간의 갈등을 해소하는 방법

고부간의 갈등은 예로부터 지금까지 흔히 들어온 말이다. 너무 자주 듣다 보니 마치 시어머니와 며느리 사이는 숙명적으로 대립하게 되어 있는 운명 같기도 하고, '사이가 좋으면 오히려 그게 이상하다'고 느껴질 정도였던 것도 사실이다.

하지만 지금은 사회 인식도 많이 바뀌어, 며느리가 무조건 약자라고만은 단언할 수 없는 시대가 되었다. 그렇다고 모든 면에서 완벽하게 해결되었다고는 또 말할 수 없다. 겉으로는 평화로워 보여도 실상은 이면에서 치열한 다툼이 벌어지고 있는 것도 사회의 한 단면이기 때문이다.

그런데 시어머니와 며느리의 갈등은 정말로 해결하기 힘든 것일까?

잠재의식 이론에 따르면 인간관계는 결국 그 사람의 마음에 그려진 대로 이루어진다고 말한다.

시어머니는 '너는 며느리고 나는 시어머니인데 사이가 좋으면 그게 오히려 이상하지'라고 생각한다거나, 며느리는 '시어머니와는 애초부터 잘 지낼 수 없어'라고 생각한다면 언제까지고 사이가 좋을 리 없다. 두 사람 모두 마음속으로 서로 잘 지낼 수 없다는 전제를 미리 깔고 있기 때문이다. 전제를 미리 깐다는 말은 잠재의식 이론에 따르면 그런 상황을 바라고 있는 것이나 마찬가지다.

그런데 이런 대립 상황에서 남편이 그 사이에 끼어들어 어느 한쪽을 편든다거나 혹은 남편마저 '고부간은 원래 사이가 좋을 수 없어'라는 생각으로 소극적으로 행동한다면 어떨까? 고부간을 더욱 더 악화시키는 요인이 될 수밖에 없을 것이다.

그런데 인간이란 동물은 참으로 재미있다. 일단 자신의 일이 아니고 또 구경꾼의 입장이 되면 아주 편한 마음으로 무언가 사건이 일어나기를 기대한다. 게다가 동서양을 막론하고 시어머니와 며느리 사이 아닌가! 이렇게 완벽한 연기자 둘이 만났는데 고부간의 갈등을 주제로 한 비극적인 드라마 한 편 만드는 것은 일도 아니다.

고부간의 충돌을 막기 위해서는 오직 한 가지 방법밖에 없다. 그것은 바로 서로가 가진 부정적인 생각을 과감히 버리는 일이다. 그리고 둘은 잠재의식에 다음과 같이 각인시켜야 한다.

'우리는 반드시 사이가 좋은 시어머니와 며느리가 될 거야. 그래서 주변 사람들을 깜짝 놀라게 만들고 싶어. 그리고 모두가 부러워하게 만드는 거야.'

이는 그저 주변 인물들이 가지는 흥미 본위의 기대를 보기 좋게 한 방 먹이려는 의도가 결코 아니다. 자기 자신의 인생을 망가뜨리는 일이 일어나지 않으려면 반드시 필요하다.

어느 노부인이 암으로 투병 중이었다. 하지만 그녀는 아직 더 살고 싶다고 간절히 바라고 있었다. 그런데 그 이유가 놀랍다.

"저는 아직 죽을 수 없어요. 암 따위는 조금도 두렵지 않습니다. 그보다 며느리가 더 미워 죽겠어요."

그녀는 벌써 삼십 여 년 동안이나 며느리를 마치 뱀 보듯 싫어했다. 며느리와 계속 싸워야 했기에 그녀는 더 살아야 한다고 생각했던 것이다. 하지만 그녀의 병세는 그리 좋지 않았다.

머피 박사는 이렇게 말했다.

"지금부터 더 살고 싶다면 며느리와 화해할 필요가 있습니다. 자연의 법칙이란 화해하는 일에서부터 시작되는 법이니까요. 그리고 증오심은 내려놓고 오로지 자신의 마음에 평안이 찾아오길 기도하세요."

박사의 말을 따르게 된 그녀는 암 치료도 잘 진행되었고 결국 병도 나았다.

이 노부인의 경우, 며느리에 대한 나쁜 감정이 오랜 시간에 걸쳐 잠재의식에 각인되어 그것이 암이란 형태로 표면화되었다고 박사는 말했다.

시어머니와 며느리가 좋지 않은 감정으로 수년간 싸움만 일삼고 게다가 병까지 걸린다면 삶의 의미가 없지 않는가! 잠재의식에 몸을 맡기면 시어머니와 며느리가 서로 잡아먹을 듯이 으르렁거리며 다투는 일이란 없다. 고부간의 갈등은 불가피하다고 생각하는 그 순간부터 이미 그렇게 될 수밖에 없다. 고부간에도 서로를 이해하고 배려하면서 상대에 대해 긍정적인 생각을 하는 것이 둘의 사이를 더욱더 친밀하게 만드는 길이다.

<u>사랑은 인생에서 가장 훌륭한 치유제다.</u>
- 파블로 피카소

Part 06.

더 오래 건강하게 산다

건강의 황금률

01_
사람은 자연치유력을 가지고 있다

지금은 현대의학의 발전으로 많은 병을 치료하거나 예방할 수 있게 되었지만, 아직도 암을 비롯해 많은 성인병은 정복해야 할 산으로 남아 있다. 그 원인 가운데 하나는 지금까지 마음과 몸의 연관성을 너무 쉽게 생각하고 마음을 떼어놓고 현대의학에만 치중한 점도 간과할 수 없다.

'병은 마음에서 온다'는 말이 있듯이 걱정거리로 늘 끙끙 앓거나 마음 고생을 심하게 하면 정말 병에 걸릴 수 있다.

오늘날에는 마음과 몸의 연관성에 대해 많은 사실이 밝혀지면서 일본의 경우만 해도 심료내과(心療內科)가 대성황을 이루고 있다. 마음을 무시한 육체의 건강도, 육체를 무시한 마음의 건강도 있을 수 없다고 생각하기 때문에 내과적 치료와 병행하여 심리 요법을 행하는 경우가 많아졌다.

그렇다면 잠재의식은 건강이라든가 마음의 평안에 대해 어떻게 작용하는 것일까?

머피 박사는 다음과 같이 말하고 있다.

"살아 있는 모든 생물의 병은 살고자 하는 의지에 달려 있습니다. 즉, 살고자 하는 강한 의지만 있다면 자연치유력에 의해 정신, 감정, 육체의 병은 치유될 수 있습니다. 과학적으로 말하자면 당신의 잠재의식 속에 내재한 경이로운 치유능력만이 당신의 몸과 마음의 상처와 장애를 고칠 수 있습니다."

우리 주변에는 조금만 아파도 병원을 찾는 사람들이 많다. 해마다 의료비가 기하급수적으로 증가하고 있다는 사실이 그 증거라 하겠다. 만약 마음의 병까지 앓고 있는 사람까지 합한다면 그야말로 건강한 사람을 찾기란 모래밭에서 바늘 찾기가 아닐까?

<u>잠재의식이야말로 마음의 병을 고칠 수 있는 유일한 대안이다.
잠재의식은 의사나 약에 비교할 수 없을 만큼
위대하고 강력한 힘을 발휘한다.</u>

02_
위독한 상태에서 건강을 되찾은 청년

신장이 나빠 목숨이 위태로운 한 청년이 있었다. 이미 사흘 동안 혼수상태에 빠져 있는 환자의 가족들에게 의사는 다시 되살아날 가능성은 거의 없다고 진단했다. 그래서 친척들이 모였다. 그중에 머피 박사도 함께 있었다.

박사는 혼수상태에 있는 그의 머리맡에서 다음과 같이 말했다. "지금 여기에 하나님이 자네를 내려다보고 있다네. 자네는 틀림없이 나을 수 있어." 박사는 몇 번에 걸쳐 이 말을 반복했다. 그런데 참으로 불가사의한 일이 일어났다. 혼수상태에 있던 그가 의식을 되찾아 말을 한 것이다. "하나님께서 저를 구원해주실 겁니다"라고. 말한 후 얼마 지나지 않아 그는 놀랍게도 건강을 회복했다.

당신은 이를 두고 미신 같은 이야기이고 믿을 수 없는 이야기라고 할지 모르겠다. 물론 납득할 만한 이유를 들어 사실을 주장하기에 애매모호한 점은 있지만, 많은 사람들이 비과학적이라고 치부하는 사실들도 알고 보면 그 사람의 무지에서 기인하는 예가 많다.

이 세상의 소위 기적이라 할 만한 사건들은 으레 그러한 취급을 받았다. 또한 현재는 과학적으로 밝혀진 사실임에도 예전에는 부정하는 사례 또한 적지 않았다.

만약 진실이 먼저 밝혀졌다면 그런 일은 없었을 것이다. 하지만 현대 과학이 놀랄 만큼 눈부신 발전을 거듭하고 있음에도 아직 완전히 밝혀지지 않은 일들이 무수히 많다.

예전에 어떤 유명한 화학자가 말했다.

"지금의 화학은 이제 믿기지 않을 정도로 빠르게 발전을 거듭하고 있지요. 하지만 그림에도 설탕이 입 속에 들어가서 어떻게 변해 가는지에 대해 백 퍼센트 완벽하게 알아내지 못했고, 아직도 모르는 일들이 너무나 많습니다. 물론 알고 있는 사실만 말해야 한다면 누구도 그런 말을 꺼내지 않겠지만 말이죠."

과연 그렇다는 생각이 든다. 모든 현상에 대해 과학적으로 설명하거나 증명하기란 거의 불가능에 가깝다. 하지만 실제로 일어나고 있고, 일어났음을 우리는 인정하지 않을 수 없다. 이 청년이 기적적으로 회복하게 되었듯이 말이다. 물론 의사들은 마땅한 설명을 찾지 못해 고민이 많았을 것이다.

우리가 굳게 믿기만 한다면 때로는 기적을 부르기도 한다는 사실은 역사상에서도 많이 찾아볼 수 있다. 이 사례도 그 가운데 하나다.

<u>인생에 있어서</u>
<u>건강은 목적이 아니라 최초의 조건이다.</u>

03_
자연치유력이란 무엇인가

　의사에게 위독한 상태라는 말을 들었던 청년이 박사의 말 한 마디에 혼수상태에서 깨어난 사실을 잠재의식의 측면에서 다음과 같이 말할 수 있다.
　이 청년은 독실한 기독교 신자였다. 그의 머릿속은 항상 하나님과 예수로 가득했다. 머피 박사가 머리맡에서 속삭였을 때 그는 비록 혼수상태이기는 했지만 그의 잠재의식이 박사의 말을 정확하게 들은 것이라고 예측해 볼 수 있다. 그리고 그의 잠재의식이 그를 치유했다고 할 수 있다.
　흔히 우리는 인간의 몸을 작은 우주에 비유한다. 대자연이 일정한 균형을 유지하는 것과 마찬가지로 우리의 몸에도 복원력이란 게 있다. 그것을 머피 박사는 자연치유력이라 불렀다. 청년은 자신의 자연치유력으로 회복한 것이다.

그러면 어떻게 하면 쉽게 자연치유력을 이끌어낼 수 있을까? 그것은 그 사람의 마음가짐에 달려 있다. 예를 들어 아주 가벼운 상처를 입었을 때 사람들의 행동을 관찰해보면 그 상처에 대한 처방은 아주 간단하다. 빨리 소독을 해야지, 그리고 반창고를 붙여야지 하고 야단법석을 떤다. 하지만 그 상처가 낫지 않는다는 생각은 하지 않는다. 또 실제로 상처는 곧 낫는다.

이처럼 누구나 어른이 될 때까지 수 백회 아니 그 이상의 가벼운 상처나 혹은 병을 앓지만 대부분 건강하게 성장한다. 그렇다면 그 상처나 병은 누가 고쳐주었을까? 그것은 어느 누구도 아닌 바로 자신이다.

"그 정도의 상처는 괜찮아. 그대로 놔두면 자연히 나을 거야."

이 말이 바로 자연치유력이다. 기본적으로 무거운 병도 가벼운 상처도 마찬가지다. 스스로 나을 수밖에 없다. 아니 근본적으로 인간은 수명이 다할 때까지 어떤 병이라도 스스로 고칠 힘이 있다고 보아야 한다. 의사나 약은 단지 도움을 주는 도우미 역할에 지나지 않는다.

그렇다면 어째서 병에 걸리는 사람이 많을까? 그것은 자신의 몸과 마음을 엉망진창으로 만들거나 사용했기 때문이다. 그리고 그런 상태까지는 아니더라도 제 힘을 발휘할 수 없는 지경에 이르게 했기 때문이다. 생각해보자. 이 넓고 광활한 자연계에 존재하는 각양각색의 생물 중에 다양한 분야의 의사와 약의 도움을 받는 존재가 과연 인간 말고 또 있을까?

이런 소박한 진실만 보더라도 자연은 건강하다는 사실을 알 수 있다. 이 우주는 황금률, 즉 대우주의 법칙에 의해 운영되고 있다.

그런데 인간만이 무언가가 잘못되었다. 단지 인간에게 문명이 존재하여 다른 동물과는 다른 삶을 살아가게 했다. 이제는 너무 많은 시간이 흘렀고 인간은 자연으로 돌아가 고양이나 개 혹은 사슴이나 사자와 같이 흉내 낼 수도 없다.

하지만 분명한 건 문명의 발달로 인해 의사나 약에 의존하다 보니 인간은 자연치유력을 잃어가고 있다는 사실이다. 참으로 우습게 들리겠지만 시대가 발전하고 인간이 문화적으로 변모하면 할수록 자연치유력은 상실된다고 볼 수 있다.

<u>우리 인간에게는 질병에 걸렸을 때</u>
<u>특별한 치료를 하지 않아도</u>
<u>건강한 상태로 회복하려는 힘이 있다.</u>

04_
아버지와 똑같은 병에 걸리는 것이 두려웠던 청년

한 청년의 부친이 수종(水腫)으로 사망했다. 그는 눈앞에서 아버지가 죽어가는 모습을 그저 황망히 지켜볼 수밖에 없었다. 그런데 아버지의 죽음은 밝고 쾌활했던 그의 성격을 완전히 바꾸어 놓았다. '나도 아버지와 똑같은 병에 걸려 죽을 거야'라는 생각이 그의 머릿속에서 항상 떠나지 않았던 것이다.

자신의 어깨가 결리면, 아버지의 어깨가 결려 자주 마사지를 해드렸던 기억이 떠올랐다. 결국 그에게도 수종의 징후가 나타나기 시작했다. 병원을 찾고 치료를 받았지만 그의 마음에는 절망뿐이었다. 생각다 못한 그가 머피 박사를 찾았다.

"언젠가는 저도 아버지와 똑같은 병에 걸려 죽을 거라고 생각하고 있었습니다. 그런데 제 예감이 딱 들어맞았어요. 지금은 그저 두렵기만 할 뿐입니다."

박사는 그에게 잠재의식에 관한 이야기를 들려 주었다.

"당신이 무엇을 믿는다면, 그것은 의식하고 안하고에 상관없이 마음속에 커다란 존재로 자리합니다. 아버님이 병에 걸렸다고 해서 그 자식도 같은 병에 걸린다는 법칙은 세상 그 어디에도 없습니다. 당신은 지금 두려워하지 않아도 될 일을 두려워하고 있어요. 그것은 당신이 그 일을 원하고 있는 것이나 마찬가지입니다."

이야기를 듣고 난 청년은 그제야 깨달았다. 어이없게도 자신이 정말 아무 짝에도 쓸모없는 망상에 사로잡혀 있었던 것이다. 그때부터 청년은 자신의 정신상태를 새롭게 변화시키기 위해 노력하기 시작했다.

"나에게는 병을 고칠 수 있는 자연치유력이 있다. 내가 자연과 조화를 이루며 살아가는 한 결코 치유력을 잃어버리는 일은 없어."

매일 잠자리에 들기 전에 그는 이 말을 몇 번씩 반복했다. 그리고 한 달이 지나자 완전히 건강을 되찾을 수 있었다. 박사는 이 청년이 망상으로부터 벗어날 수 있었던 이유를 잠재의식으로 꼽고 있다. 즉, 그가 드디어 잠재의식의 위대한 힘을 알게 된 것이다.

"만물을 치유하는 힘은 그의 믿음과 지혜로움에 의해 육체를 지배하고 활동시키며 개조와 재건을 통해 병을 치유합니다. 그의 몸은 구석구석까지 깨끗이 정화되었으며 생명력으로 가득하게 되었습니다. 하지만 그것을 이룬 모태는 다름 아닌 바로 그 자신입니다."

<u>만물을 치유하는 힘은 그의 믿음과 지혜로움에 의해</u>
<u>육체를 지배하고 활동시키며,</u>
<u>개조와 재건을 통해 병을 치유한다.</u>

05_
병을 극복하기 위한 세 가지 과정

잠재의식으로 병을 치료할 때는 보통 세 가지 과정을 거친다.

하지만 아무리 믿음이 강한 인간이라고 해도 병에 걸리면 정신 상태가 최악에 달해서 기분이 쉬이 가라앉게 마련이다. 이때 세 가지 과정을 통해 꾸준히 병을 극복하려는 노력을 하는 게 중요하다. 그 세 가지 과정에 대해 살펴보자.

1단계는, 가벼운 초기 증상인데도 병이 더 악화되지 않을까 걱정하는 게 공통적으로 나타나는 현상이다. 더욱이 자신도 모르게 병이 악화되어 최악의 상태에 빠진 자신을 자주 머릿속으로 떠올리는 게 가장 큰 문제다. 그럴 때 그 사람의 정신 상태는 정말 중태에 빠진 사람과 같다. 정말 자신의 병을 극복하고 싶다면 지금보다 더 나빠질 거라는 생각을 과감히 버려야 한다.

2단계는, 지금 자신의 건강 상태는 과거 자신의 상념이나 행동에 의해 일어났다는 사실을 명확하게 인식하고 그 책임으로부터 도피할 생각을 버려야 한다. 간혹 자신은 아무런 잘못이나 실수가 없고 그저 운이 나빴다고 변명하는 것은 자신에게 아무런 도움이 되지 못한다. 왜 그런 결과를 초래했는지 생각해보고 반성한 후 반드시 고쳐나가겠다는 적극적인 결심이 필요하다.

3단계는, 자신에게 자연치유력이 있다는 사실을 믿어야 한다. 그리고 자신은 자연의 법칙에 의해 치유되어야 할 존재라는 사실을 인식하고 그 한 가지만을 열심히 믿으면 된다.

이 세 가지 과정을 제대로 지킨다면 자신의 잠재의식에 병이 치유될 것이란 사실이 각인된다. 또한 육체는 정신과 아주 밀접한 관계를 가지고 있기 때문에 반드시 자연치유력을 발휘한다.

기억하자. 우리는 몸이 조금만 아파도 이내 의사를 머릿속에 떠올리지만, 의사는 병을 진단하고 그에 대한 충고를 들려 줄 뿐이지 결코 병을 완치시켜주는 주인공은 아니란 사실을 말이다.

주사든 약이든 그것들은 단지 보조 수단일 뿐이다. 백약이 무효란 말이 있지 않는가?

<u>자연치유력을 잃으면 백약이 무효다.</u>

06_
진정한 의미의 건강

"애석하게도 세상의 많은 사람들이 눈으로 보이는 것만 믿습니다. 또한 보이지 않는 것은 보려고 노력하지도 않고, 보이지 않으니 믿지도 않습니다. 세상을 마음의 눈으로 바라보게 되면, 그들은 매일 아침부터 저녁까지 생각하는 일들이 그대로 현실에서 이루어진다는 사실을 전혀 깨닫지 못하고 있습니다."

병이 아니라고 해서 건강하다고는 말할 수 없다. 비록 지금은 병에 걸리지 않았지만 조금씩 병에 걸리고 있을지 모르기 때문이다. 또 육체적으로 병에 걸리지 않았더라도 정신적으로 앓고 있는 사람도 있다. 물론 정신적으로 앓고 있다는 의미가 반드시 정신과 진료와 결부된다는 뜻은 아니다. 인생의 실패로 좌절을 겪으면서 고

통스러워하고 패배감에 젖어 빠져나오지 못한 사람도 어떤 의미에서는 정신적으로 앓고 있다고 말할 수 있기 때문이다.

하지만 타인을 증오하고 질투하거나 시샘하며 화를 내는 사람은 자신의 그런 생각과 행동으로 인해 자신이 병들어간다는 사실을 깨닫지 못한다.

이런 말을 하는 사람이 있다.

"이유야 어찌 되었든 지금 나는 병들었어. 그것도 아주 중병. 그런데 내 기분만으로 병을 고칠 수 있다고? 대체 무슨 말이야. 그건 도저히 있을 수 없는 일이야!"

그런데 정신과 육체의 상관관계를 생각해 보면 이런 말 자체가 그 사람의 병을 더 악화시킬 수 있다는 것을 인식할 필요가 있다.

또 이렇게 말하는 사람도 있다.

"나는 병에 걸린 게 아냐. 아주 건강하거든! 아무 걱정도 필요 없어."

물론 그 자체로 만족할지 모르지만, 간혹 육체의 건강에 비해 정신이 병든 사람이 있다. 한쪽뿐인 건강이 진정으로 건강한 육체라 말할 수 있을까?

결론적으로 병에 걸리지 않았으니 건강하다는 말은 지극히 좁은 범위에 지나지 않는다. 인간이란 정신적으로 풍요롭고 충분히 행복을 느끼며 마음의 평온을 찾지 못한다면 진정한 의미에서 건강한 사람이라고 보기 어렵기 때문이다.

그런데 진정한 의미의 건강체를 이루게 해주는 모체는 잠재의식밖에 없다. 아무리 돈이 많더라도 병치레가 잦다면 즐거운 인생일 수 없다. 또 육체적으로 건강해도 경제적으로 곤궁하면 역시 인생은 고달프다. 그래서 '가난은 역시 병'인 것이다.

그렇다면 인생이 즐겁지 못한 사람은 모두 병에 걸렸다고 해도 과언이 아닐 것이다. 거꾸로 인생이 행복하고 모든 게 만족스런 사람이라면 하나나 둘쯤의 병이 있더라도 건강체라 말해도 좋지 않을까?

<u>인생이 즐겁고 행복하다면</u>
<u>그는 부자이고 건강한 사람이다.</u>

07_
자기 암시가 건강에도 효과적이다

자신이 건강한지 혹은 자주 병을 앓는지는 육체적인 조건에 의하기도 하지만 느낌에 좌우되는 경우도 많다. 즉, 자신의 신체에 대한 개념이 크게 관여하고 있는 것이다.

'바디 이미지(Body Image)'라는 말은 당신이 가지고 있는 '자신의 신체 일부 혹은 전체에 대한 개념'을 이른다. 바디 이미지가 건강한지 어떤지가 그 사람의 건강에 크게 관여한다.

'몸이 약해 항상 조심하지 않으면 병에 걸린다'고 생각하는 사람은 아이러니하게도 실제로 자주 병에 걸린다. 그리고 잦은 병치레는 점점 더 자신에 대한 부정적인 생각으로 뿌리를 내린다.

반대로 '내 몸은 무척 건강해서 웬만해서는 병 따위 걸리지 않는다'고 생각하는 사람은 실제로 그런 삶을 살아간다. 이것은 일종의 자기 암시다. 우리는 좋든 싫든 잠재의식에 좌우된다.

머피 박사는 자주 "하나님의 사랑을 믿으세요"라고 말한다. 물론 기독교 신자가 아닌 이상 다소 위화감을 느낄지 모른다. 그래서 박사는 이런 말도 덧붙인다.

"하나님을 믿는 일은 바로 당신 자신을 믿는 일입니다."

만약 하나님이라는 존재가 절대적이지만 두렵고 전제 군주와 같다고 느낀다면, 그러한 현실이 당신을 찾아갈 것이다. 하늘은 불공평하고 자신은 버림받았다고 생각한다면, 역시 그런 현실이 눈앞에서 당신을 기다릴 수밖에 없다. 신은 언제나 당신이 생각한 그대로의 모습으로 나타난다.

그렇다면 신의 존재를 부정하면 어떻게 될까?

"그런 존재란 있을 수 없다. 자연은 예부터 있었고 앞으로도 있을 것이다. 그 실태에 대해서는 앞으로 과학이 밝혀주겠지. 물론 인간도 그 일부이기는 하지만 종교에서 말하는 신과 같은 존재가 이 세상을 지배한다는 말은 새빨간 거짓말이야!"

이런 무신론자에게 잠재의식은 어떻게 작용할까?

자신의 잠재의식이 얼마나 무한한 가능성을 지녔는지 믿을 수만 있다면 그것은 신앙을 가진 사람과 똑같은 결과를 가져온다. 그렇지만 무신론자는 잠재의식에 대해 자주 의심한다.

그렇다면 의심하는 사람에게는 잠재의식이 작용하지 않을까? 그렇지 않다. 잠재의식은 지구상의 모든 생물에게 작용한다. 그렇기에 황금률인 것이다.

단지 무신론자의 경우 신(혹은 하나님)의 존재를 믿지 않기 때문에 모습을 드러내지 않을 뿐이다. 그 존재를 전혀 인정하지 못하는 사람에게 잠재의식이 어떤 형태를 빌려 나타나는 일이란 절대로 있을 수 없다. 신이 어떤 식으로든 그 사람에게 잠재의식의 존재를 암시해도 그 사람의 눈에는 보이지 않기 때문이다.

자기 암시의 포인트는 사실 여기에 있다. 신을 무엇이라 불러도 좋다. 머피 박사는 말한다.

"창조자, 불타, 관음, 무한한 영지, 진실, 치유력, 정의, 창조력, 절대적 존재……. 뭐든 마음 내키는 대로 부를 수 있습니다. 문제는 당신이 신을 어떤 존재로 믿느냐에 달려 있습니다. 그것이 결국은 인생의 방향을 결정하기 때문입니다."

자신이 믿고 따를 수 있으며 실제로도 자신에게 도움이 되는 신을 찾아야 한다. 그런데 그것은 바로 자신이 해야 할 일이다. 인생은 당신의 몫이기 때문이다.

<u>병은 자각되나 건강은 자각되지 않는다.</u>

08_
자기 암시의 기술

　잠재의식은 자기 암시가 가장 큰 효과를 발휘할 수 있다. 하지만 잠재의식은 선택 능력이나 비교 능력이 없어 어떤 암시도 받아들인다. 또 잠재의식은 일단 받아들이면 암시에 대한 반응을 나타낸다. 그래서 자기 암시는 조심스레 행해야 한다.
　잠재의식이 암시를 얼마나 쉽게 받아들이는지 심리학 실험을 통해 살펴보자.
　어떤 사람에게 '당신은 고양이'라는 암시(최면술)를 걸었다. 암시에 걸린 사람은 대부분 자신이 고양이가 되었다고 생각해 '야옹~' 하고 고양이 울음소리를 내거나 생선을 입으로만 먹는 행동을 보인다. '당신은 지금 등이 가렵다'는 말을 하면 황급히 등을 긁는다.

'당신은 지금 흩날리는 눈보라 속에 갇혀 있고 매우 추운 상태다'라고 말하면 덜덜 떨기 시작한다. 현실은 전혀 그렇지 않은데도 이렇게 반응한다는 사실이 무엇을 의미할까?

이것이 바로 잠재의식의 반응이다. 이때 의식하는 마음은 잠들어 있어 행동에 대한 어떠한 제어도 하지 못한다. 여성에게 '당신은 지금 무척 덥다. 옷을 벗는 게 좋겠다'라고 명령하면 아무런 부끄럼 없이 옷을 벗는다. 만약 의식하는 마음이 잠들어 있지 않다면 결코 그런 일은 일어나지 않는다.

우리는 자기 암시를 통해 잠재의식이 강하게 반응하도록 만들 수 있다. 그렇다면 어떻게 하면 될까? 실력이 뛰어난 최면술사에게 가서 부탁하면 될까? 실제적인 문제로서 그다지 적당한 방법은 아닐 듯하고 또 그럴 필요가 없다(노이로제나 우울증 등의 경우는 의사의 최면요법이 효과적이지만).

간단하다. 스스로 암시에 걸리는 훈련을 쌓으면 된다. 가장 좋은 방법은 밤에 잠자리에 들기 전에 편안한 기분으로 자신에게 말을 건다. 그런 행동이 반복되고 습관화되면 결국 잠들어 있는 사이에도 잠재의식이 반응을 보이게 된다.

잠재의식을 활용하는 수면법에 대해 머피 박사는 다음과 같이 말했다.

"먼저 잠들기 전에 전신의 긴장을 풉니다. 신체의 각 부위를 구체적으로 그려보면서 긴장이 풀어진다고 자신에게 말을 거는 겁니다. 오른쪽 발가락 끝에서부터 시작해 복사뼈, 무릎, 허벅지의 순으로 천천히 위로 올라갑니다. 오른발이 끝났으면 이번에는 왼발 차례입니다. 그렇게 다리가 끝났으면 이번에는 위장, 심장, 폐, 목, 입, 코, 눈, 머리로 옮겨 순서대로 상상해가면서 긴장이 풀린다는 사실을 자신에게 들려줍니다."

인간의 몸은 이러한 암시에 아주 쉽게 반응할 수 있다. 일을 마치고 집으로 돌아가 욕조에 몸을 담근 뒤 손발에 힘을 빼면 정말 편안하다. 이런 행동은 육체적 피로에 대한 치료가 아니라 정신적 긴장을 푸는 데 절대적인 효과를 발휘한다. 이와 비슷한 효과를 발휘하는 게 잠들기 전에 하는 자기 암시다.

"발끝에서 머리끝까지 한 번 긴장을 풀었으면 이번에는 자신이 바라는 일에 대해 생각해봅니다. 단, 이때 주의할 점은 현재 직면해 있는 어려운 문제를 떠올리곤 고민해서는 안 됩니다. 오직 자신이 바라고 있는 일을 머릿속에 그려보고 그것이 달성되었을 때의 기쁨을 상상하며 그 기분에 취해보는 겁니다."

<u>수면이라는 안식의 시간을 최대한으로 활용하여
긍정적인 소식이 잠재의식에 전달될 수 있게 하라.</u>

09_
자기 암시는 양날의 검이다

암시의 힘이 위대한 이유는 그것이 육체적으로나 정신적으로나 자신에게 미치는 영향이 매우 크기 때문이다. 머피 박사는 그 놀라운 힘에 대해 다음과 같이 말한다.

배에 탄 상태에서 승객에게 이렇게 말했다고 가정하자.

"지금 안색이 매우 좋지 않군요. 아마 뱃멀미 때문에 그런가 봐요. 제가 의무실까지 데려다 드리지요."

그러면 순간적으로 승객의 얼굴은 파랗게 질리고 금방이라도 토할 것 같은 표정을 짓는다. 이러한 예는 흔하다. 이 경우 그런 말을 누가 했는가는 암시의 성질을 파악하는 데 중요한 참고가 된다. 즉, 친구들이나 가족보다 의사나 선장에게 듣는 편이 훨씬 그 반응이 크다. 이는 권위가 있다고 인정되는 사람에게 들었을 때 파급 효과가 더 크다는 사실을 나타낸다.

왜 그럴까? 그것은 그 사람의 믿음이 무척 강하기 때문이다. 의학적 지식이 없는 사람에게서 병에 걸렸다는 말을 듣게 되면 쉽게 믿으려 하지 않지만, 저명한 의사에게서 들으면 만약 거짓이라고 해도 믿게 된다. 우리 인간에게는 이러한 경향이 있다.

물론 암시에 관한 반응에도 사람마다 차이가 있다. '뱃멀미를 한다'는 말을 들어도 크게 한번 웃고 마는 사람도 있기 때문이다. 그런 사람은 나름대로 뱃멀미에 대한 견해나 경험을 가지고 있다. 혹은 미리 자기 암시를 걸고 있는지도 모를 일이다.

그런데 암시에서 한 가지 주의할 점이 있다. 그것은 의지에 의해 거절할 수도 있다는 것이다. 뱃멀미란 말을 듣고도 한번 웃고 아무렇지 않은 듯이 넘길 수 있는 게 바로 그 때문이다. 물론 그 반대로 의식이 그것을 인정하는 경우도 있다.

일단 부정적인 암시를 의식이 인정하게 되면 그 반응은 매우 강렬한 법이다. 듣기 전까지 생기발랄하던 사람이 '뱃멀미를 하는 것 같다'는 말 한마디에 기분이 급변하는 이유도 바로 이 때문이다.

이보다 더 심한 예도 있다.

사랑스런 딸을 둔 아버지가 있었다. 자신의 딸이 불치의 병에 걸렸다는 사실을 알게 되면서 아버지는 충격에 빠졌다. 그때부터 아버지는 '내 딸이 낫기만 한다면 내 팔을 잃어도 좋다'고 생각했다. 딸의 병을 인식하게 된 순간부터 생긴 그의 그런 사고는 어느 시점에 이르러 일종의 고정관념으로 변했다. 그런데 그는 교통사고로 정말 한쪽 팔을 잃고 말았다. 게다가 신기하게도 딸의 병은 거짓말처럼 나았다고 하니 참으로 섬뜩한 이야기가 아닐 수 없다.

암시를 걸 때에는 '모든 면에서 자신을 치유하고 축복하며 더 나은 상태로 이끌고 고무시킬 수 있는' 그런 암시만을 할 수 있어야 한다.

<u>매일매일 긍정하라.</u>
<u>긍정적 자기 암시가 건강한 몸과 마음을 만든다.</u>

10_
자기 암시로 건강과 자신감을 회복한 실례

갓 스무 살 된 한 여성이 자신의 기억력이 갈수록 쇠퇴하고 있다고 믿고 있었다. 그런데 실제로 그녀의 기억력은 쇠퇴하기 시작했다.

어느 날 잠재의식에 대해 알게 된 그녀는 '내 기억력은 점점 회복되고 있다'고 반복해서 되뇌었다. 그 후 얼마 지나지 않아 그녀는 예전의 기억력을 회복할 수 있었다.

또한 젊은 여가수가 오디션을 받게 되었는데 심사를 앞두고 며칠 전부터 '나는 틀림없이 실수할 거야. 게다가 심사의원들도 나를 싫어하겠지?'라는 불길한 예감에 휩싸여 자신감을 잃었다.

하지만 그녀는 잠재의식의 힘을 알고 있었기에 이런 부정적인 암시에 저항했다. 그녀는 하루에 세 번, 자신의 방에서 혼자만의 시간을 가졌다. 그리고 편하게 의자에 앉아 몸의 긴장을 푼 후에 자신의 마음에 이렇게 말했다.

"나는 노래를 잘 부를 거야. 그때가 되면 안정을 되찾고 떨려 당황하거나 하는 일은 없을 거야. 틀림없이 심사위원들의 마음에 들 수 있도록 내 실력을 충분히 발휘할 거야."

이런 식으로 그녀는 자신을 지배하던 부정적 암시를 말끔히 지워버리려 노력했다. 그 결과 오디션에 멋지게 합격했다.

또 이런 사례도 있다. 집 밖으로 한 발자국도 나오려 하지 않던 사나이가 있었다. 그는 어렸을 때 숲에서 길을 잃고 헤맸던 적이 있었는데 그때의 공포로 인해 어른이 되어서도 그는 그 기억에서 헤어나지 못했다. 이것이 광장공포증인데 일종의 정신병이다.

그런데 이 사나이는 머피 박사의 충고대로 매일 자신이 밖으로 나가는 일을 상상했다.

그리고 느긋하게 책도 읽고 지하철에 오르는 자신의 모습, 가게에서 물건을 사고 있는 자신의 모습, 친구 집에 놀러간 자신의 모습, 도서관에서 책을 빌리고 있는 자신의 모습, 영화관에서 영화를 보며 큰 소리로 웃고 있는 자신의 모습, 파티에서 어떤 여성과 즐겁게 수다를 떨고 있는 자신의 모습……. 자신이 그려볼 수 있는 모든 이들을 상상해 보았다. 비록 하루에 세 번씩 겨우 십 여분에 지나지 않았지만 점점 좋아지는 느낌이 왔다. 그는 자신감을 가지고 조금씩 실행에 옮기는 사이에 상상 속의 일들이 하나씩 이루어져 비로소 광장공포증으로부터 벗어날 수 있었다.

<u>상상력은 창조의 시작이다.</u>
<u>우리는 자신이 꿈꾸는 것을 상상한다.</u>
<u>우리는 우리가 상상한 대로 될 것이며,</u>
<u>마침내는 자신의 미래를 창조한다.</u>

- 조지 버나드 쇼

11_
자기 암시가 부정적으로 작용한 실례

'병은 마음에서 온다'는 말을 사실로 입증한 사례는 헤아릴 수 없이 많다. 부정적인 자기 암시에 걸려 그것을 극복하지 못했기 때문에 초래한 결과이다.

한 주부가 눈에 이물질이 껴 안과에서 치료를 받은 뒤 집으로 돌아갔는데 오히려 눈이 더 잘 보이지 않았다. 이상하게 생각한 그녀는 다시 안과를 찾아갔더니 약을 잘못 썼다는 것이었다. 그런데 그 후로 안과의사에게 치료를 계속 받았으나 그녀의 시력은 전혀 회복되지 않았다.

사실 안과의의 실수는 그다지 대수롭지 않았다. 문제는 그녀가 치료를 받는 도중에 '이제 내 눈은 보이지 않게 될 거야'라는 지나

친 생각과 걱정으로 인해 그녀는 눈의 시력을 거의 잃고 만 것이다. 또한 시력을 잃으면서 그녀의 성격에도 많은 영향을 미쳐 내성적인 성격으로 바뀌었다.

하지만 이 주부는 최면요법을 통해 예전과 같은 시력을 다시 회복할 수 있었다. 이와 비슷한 예가 또 있다.

위하수(위가 정상 위치보다 아래로 처지는 증상)로 고생하던 한 부인이 의사로부터 '이 증상은 평생 고칠 수 없다'라는 말을 들은 후로 극단적인 거식증에 걸려 뼈만 앙상하게 남을 정도로 야위었다고 한다. 위하수란 증상은 사실이었다. 하지만 '평생 고칠 수 없다'라는 의사의 말은 사실 가볍게 건넨 농담이었다.

그녀는 위하수 공포증으로 인해 식사도 제대로 하지 못했다. 몸은 계속 메말라갔다. 그런데 이 부인도 심리 상담을 받고 최면요법을 시행한 뒤 아무렇지 않은 듯이 나았다고 한다.

이러한 증상들을 소위 심신증이라 부르는데, 우리는 일상생활에서 알게 모르게 이와 비슷한 반응을 겪는다. 이 점을 염두에 두고 보다 나은 정신 상태를 가질 수 있도록 노력하자. 그것이 건강을 위한 최선의 방법이다.

<u>세상에서 일어나는 모든 일은
결국 상상한 대로 이루어진다.</u>

12_
스트레스를 해결하는 방법

　인간이란 저마다 개인적인 차이가 있다. 평소 생활습관이 엉망인 사람인데도 전혀 병에 걸리지 않는가 하면 특히 건강에 신경을 많이 쓰는 사람인데도 병에 쉽게 걸리기도 한다.

　이러한 이유는 대체로 외부적인 요인보다도 마음에서 비롯된 병이다. 다시 말해서 똑같은 일이라고 해도 사람의 심리적인 태도가 서로 다르기 때문에 어떤 사람은 병에 쉽게 걸리기도 하고 또 어떤 사람은 병에 걸리지 않기도 하다. 물론 사람에 따라서 태어나면서부터 물려받은 체질이나 유전인자를 무시할 수는 없겠지만, 대부분의 경우 그 사람의 마음가짐, 기질, 성격으로 인해 병치레를 하는 경우가 많다.

그렇다면 스트레스에는 어떻게 대처하면 좋을까?

지금까지 말해 온 잠재의식 이론을 응용하는 방법이 있다. 즉, 어떤 일이든 긍정적이고 미래지향적인 사고방식으로 풀어가는 것이 바람직하다. 결코 파괴적이거나 절망 혹은 비관적인 생각을 절대로 하지 않는다. 어떤 어려운 상황이 닥치면 자기합리화를 해서라도 반드시 자신은 잘 된다고 생각하면서 행운을 끌어오는 긍정적인 생각만을 해야 한다. 이러한 긍정적인 생각만으로도 스트레스에서 벗어날 수 있다. 긍정적인 요소가 결국 좋은 결과를 가져다주기 때문이다. 부정적으로 생각하는 일만큼은 피하라. 잠재의식은 부정적인 생각에도 정직하게 그대로 반응한다는 사실을 잊어서는 안 된다.

머피 박사는 이렇게 말한다.

"인생은 사소한 일로도 밝아지기도 하고 어두워지기도 합니다. 중요한 것은 자신이 어느 쪽을 선택하느냐 입니다. 결과는 그 선택에 따라 달라질 수 있습니다."

스트레스에도 좋은 스트레스와 나쁜 스트레스의 두 가지가 있다. 소위 스트레스 학설에서는 이를 '유스트레스(eustress)'와 '디스트레스(distress)'로 나누어 부르고 있다. 만약 스트레스에 대한 대처방법을 구하는 사람이라면 이 두 가지를 명확히 구별할 줄 알아야 한다.

스트레스의 본질은 아주 쉽게 말하자면 마음먹기에 따라 달려 있다고 할 수 있다.

예를 들면 주위가 아주 조용한 곳에서 살던 사람이 갑자기 시끄러운 곳으로 이사를 했는데 오히려 편히 잠들고 불면증에서 벗어난 사람도 있다. 이처럼 스트레스를 잘 활용해 정신 건강에 긍정적인 효과를 얻기도 하고, 나쁜 상황을 역전시킴으로써 자신에게 좋은 자극을 주어 생활에 활력을 불어넣고 자신감과 창의력을 높여 자신의 꿈을 이루는 사람은 얼마든지 있다.

가장 좋은 행동은 스트레스에 맞서지 않고 피하는 것보다는 정면으로 부딪치는 것이 좋다. 한 가지 예로 직장 상사와 뜻이 잘 맞지 않아 충돌이 생긴다면 상사와 마주하여 불만들을 솔직하게 털어놓고 이야기하다 보면 대체로 좋은 해결책을 찾을 수 있다.

그런데 뒤에서 상사를 비판하고 회사가 나쁘다며 타인에게 책임을 전가하면서 도박이나 게임 혹은 술에 젖어 빠져나오지 못한 소극적인 사람이 있다. 그러한 부정적인 행동은 결국 다른 사람이 아닌 바로 자신에게 마이너스라는 사실을 명심해야 한다.

잠재의식이 그러한 당신에게 바른 길을 제시해주지는 않는다. 아니 오히려 '맞아, 맞아'하면서 도박이나 술을 더 권하지 않을까? 일을 대충대충 하라고 말하지 않을까?

그런 사람은 결국 파멸한다. 정신적으로 육체적으로 완전히 에너지를 소진해 마지막에는 자신의 인생까지 접어야 할 사태에 이를 수 있다. 그렇기 때문에 어떠한 일이 있어도 부정적인 사고방식을 가져서는 안 된다. 그것이 건강과 부와 성공을 얻을 수 있는 인생의 황금률이다.

<u>스트레스가 없는 삶이란 없다.</u>
<u>그 사실을 자연스럽게 받아들이고 잘 다룬다면</u>
<u>나쁜 상황을 좋은 상황으로 역전시킬 수 있다.</u>

13_
정신적인 영양소란 무엇인가

머피 박사는 건강과 마음의 평안은 정신적으로 무엇을 섭취하고 있느냐에 따라 결정된다고 말한다. 여기서 말하는 정신적인 섭취란 당신의 경험, 사고방식, 마음 자세 등을 말한다. 그런 것들이 당신의 정신에 공급되는 영양소다.

우리의 육체는 음식을 섭취하지 않고는 건강을 유지하지 못하듯이 정신에도 영양 공급이 필요하다.

그렇다면 마음속에 무엇을 공급하면 좋을까? 병, 슬픔, 고뇌, 증오, 부정적인 사고, 소극적인 태도……. 이런 일들이 일상적으로 마음속에 계속 공급된다면 이들을 바탕으로 형성되는 정신은 그런 부정적인 재료 그대로의 꼴이 된다.

앞에서도 소개했지만 중풍을 앓던 남성이 자신을 곤경에 빠트린 동생을 증오하면서 그것이 병의 원인으로 작용하지 않았는가! 그리고 동생을 용서한 뒤로 병이 호전되었다는 사실만 봐도 마음에 공급되는 재료가 얼마나 중요한지 알 수 있다.

인생은 언제나 우리에게 매 순간 해결해야 할 많은 과제를 던진다. 그것들 중에는 즐거운 것만 있지는 않다. 그런데 똑같은 성질의 문제인데 어떤 사람에게는 그것이 괴로움이 되고 또 어떤 사람에게는 즐거움이 된다. 문제의 핵심은 그것을 해결하는 조리법에 달려 있다.

우리가 똑같은 재료를 사용해도 만들어진 완성품은 제각각 다르다. 마찬가지로 인생에 대해 어떤 태도를 가지느냐에 따라 그 인생도 저마다 다른 모습으로 나타난다. 항상 긍정적이고 진취적인 사고방식이 조미료라면 감칠맛 나는 훌륭한 음식이 될 것이고, 늘 공포에 사로잡혀 걱정만 하는 부정적이고 파멸적인 사고방식이 조미료라면 재료가 아무리 좋아도 그 요리는 맛이 없지 않겠는가.

<u>인생에 대해 어떤 태도를 가지느냐에 따라
그 인생도 저마다 다른 모습으로 나타난다.</u>

14_
부도 건강도 마음의 평안에 달려 있다

 잠재의식을 활용하고 자연의 위대한 힘이 가져다주는 은혜를 누리기 위해서는 믿는 마음이 필요하다. 이 우주에는 황금률이란 게 있고 그것은 누구에게도 평등하게 은혜를 베푼다. 그러므로 그 사실을 알고 믿는 일이 무엇보다 중요하다.
 그런데 그러기 위해서는 항상 모든 일에 긍정적인 사고를 가져야 한다. 하지만 아주 급박하고 어려운 상황에 처한 사람이 긍정적인 사고방식을 가지기란 말처럼 쉬운 게 아니다.
 예를 들어 병으로 고통을 받고 있을 때 밝은 미래보다 앞으로 자신이 어떻게 될지 걱정하는 사람이 압도적으로 더 많다. 병문안 온 사람들이 아무리 "괜찮아질 겁니다. 걱정 마세요"라고 말해도 잠시 동안의 안심과 위로밖에는 되지 못한다.

그래서 평소에 편안한 정신 상태를 가질 수 있는 훈련이 필요하다. 어떤 일과 관련해 끙끙 앓지 말고 편하게 마음먹을 줄 알아야 한다. 편한 마음을 가지고 있을 때 잠재의식은 최상의 상태로 작용하기 때문이다.

종교를 믿는 사람이 믿지 않는 사람보다 쉽게 마음의 평정을 되찾는다는 사실은 익히 알려져 있다. 종교가 있는 사람들은 일상생활에서 쉬이 편한 마음을 가질 수 있도록 이미 습관화되어 있기 때문이다. 자신이 신이나 부처님과 함께한다는 안도감이 가져다주는 마음의 평온과 여유가 충족감으로 이어지면서 잠재의식 활용을 가능케 한다. 신앙을 가진 사람이 행복한 이유다.

신앙의 대상은 무엇이 되었든 상관없다. 무언가를 굳게 믿는다는 자체가 중요하기 때문이다. 특히 충실한 인생을 바란다면 잠재의식의 능력을 믿어야 한다. 이것은 대우주의 법칙으로, 어떠한 종교라고 해도 이를 부정할 수는 없다.

'나는 대자연의 품에 안겨 있다,
자연은 나에게 풍요롭고 건강하며
충실한 인생을 준비해 줄 것이다'라고 느낄 수 있다면
당신은 자신의 인생을 마음먹은 대로 바꿀 수 있다.

15_
잠재의식을 왕성하게 움직이는 방법

이 훈련은 결코 어렵지 않으며 누구나 어디에서든 시작할 수 있다. 이 훈련을 당신이 일상적으로 쉽게 반복할 수 있다면 더는 그 어떤 걱정도 할 필요가 없다. 당신이 바라는 그 인생을 향해 순조롭게 항해를 시작할 수 있다.

먼저 눈을 감아보라. 그리고 눈을 감았으면 파란 하늘을 떠올리기 바란다. 만약 파란 하늘이 떠오르지 않는다면 실제로 맑은 날의 파란 하늘을 자세히 보고 눈에 각인시킨다. 어떤 방법을 쓰든 눈을 감으면 이내 눈앞에 파란 하늘이 펼쳐질 수 있도록 훈련을 쌓기 바란다. 그것이 가능해지면 이번에는 파란 하늘에 자신이 이상적으로 생각하는 모습이나 상황을 그려보기 바란다. 가령 건강한 나, 성공한 나, 다른 사람들과 잘 어울리는 나, 무엇이든 상관없다. 자신이 바라는 모습을 상상하고 그려보라.

이 훈련은 언제 어디서 어떻게 하든 상관없지만, 잠자리에 들기 십 분 혹은 십오 분 정도 전이 가장 좋다. 물론 아침에 일어났을 때나 혹은 출근길의 지하철이나 버스 안도 상관없다. 또한 찻집에서 커피를 마시면서도 가능하다. 다만 한 가지 절대적인 조건으로 자신이 꼭 혼자서 해야 한다는 사실이 매우 중요하다.

이러한 반복이 익숙해지면 이제 다음 과정으로 자신의 바람이나 소망이 이루어진다는 자기 암시를 건다. 예를 들어 보자.

'나는 근성이 있으니까, 틀림없이 그 일을 해낼 수 있을 거야. 아마 내년쯤이면 멋지게 완수한 뒤 웃고 있겠지?'

'잠재의식은 내 생각대로 움직여줄 거야. 내 소망은 조금씩 잠재의식에 각인되고 있어. 이제 나에게 불가능이란 없어!'

'지금의 나는 만족 그 자체. 내가 생각했던 것이나 나의 행동은 나의 미래를 위해 훌륭하게 작용하고 있어.'

이렇게 항상 자신감을 가지고 스스로에게 말을 걸어주기 바란다. 이 습관이 몸에 배게 되면 당신은 이제 확실하게 자신이 바라는 일들을 이룰 수 있게 될 것이다.

<u>자신이 바라는 모습을 상상하는 연습을 습관화하라.</u>

16_
잠재의식을 활용하는 여섯 가지 법칙

앞서 기술한 훈련을 위해 여섯 가지의 법칙을 마지막으로 정리해 둔다. 이것은 말 그대로 잠재의식을 최상의 상태로 기능시키기 위한 법칙이라고 해도 될 것이다.

하나, 절대로 부끄러워하지 마라!
부끄러워하는 일이 잠재의식에게는 가장 부정적이다. 상상의 세계란 어떠한 일을 떠올리고 그려본다고 해도 아무도 알 수 없다. 자유로이 마음껏 자신의 모습을 그려보라. 그러한 훈련이 제대로 이루어지지 않는다면 당신의 본심은 제대로 본모습을 드러내지 않을 것이다.

둘, 표현은 긍정적으로 하라

자기 암시를 미래지향적으로 활용하려면 모든 면에 긍정적이어야 한다. 긍정적인 언어가 잠재의식에 각인될 때 가장 좋은 영향을 미치기 때문이다. 현실이야 어떻든 모든 상황에 대해 긍정적으로 표현할 수 있도록 항상 노력하기 바란다.

셋, 현재진행형으로 말하라!

잠재의식에게 이 항목은 매우 중요하다. 왜냐하면 아무리 긍정적으로 생각한다고 해도 그것이 아주 어려운 경우도 있다. 내일 당장 갚아야 할 돈이 없어 쩔쩔매는 상황에 처한 사람이 아무리 스스로에게 나는 부자라고 생각한들 무리다. 그래서 현재진행형으로 '나는 지금 ~해나가고 있다'는 식으로 표현하는 것이다. '나는 지금 회복되고 있다.' 이 정도면 잠재의식에 긍정적으로 각인되지 않을까?

넷, 처음에는 단순하게 그리고 차차 구체적으로 하라

잠재의식에 생각을 각인시킬 때 처음에는 아주 단순한 일부터 시작하고 점차 복잡하게 진행시켜가는 게 비결이다. 그렇게 하지 않으면 도중에 통일성이 결여되면서 모처럼의 노력이 허사로 돌아갈 수 있다. 한편의 드라마를 만들 듯이 만들어가기 바란다. 그것도 해피엔딩인 드라마로.

다섯, 반복을 잊어서는 안 된다!
아무리 멋진 꿈과 소망을 가지고 있다 하더라도 반복하지 않으면 아무런 의미가 없다. 상상하는 일과 행동을 거듭 반복함으로써 소망이 좀 더 강렬해지고 소망을 성취하기 위한 방법론이 점점 명확해지고 투명해진다.

여섯, 1인칭으로 말하라!
이것도 잠재의식에 매우 중요하다. 2인칭이나 3인칭으로 말한다면 도대체 누구를 위해 기능을 발휘하면 좋을지 잠재의식이 혼란스러워한다. '나는 ~해나가고 있다'는 식의 1인칭으로 말하기 바란다.

인생은 자신이 생각한 대로 이루어진다.
좋은 일을 생각하면 좋은 일이 일어나고
나쁜 일을 생각하면 나쁜 일이 일어난다.

황금률

초판 1쇄 인쇄 2022년 07월 12일
초판 2쇄 발행 2022년 11월 17일

지은이 조셉 머피, 시마즈 고이치
옮긴이 은영미
펴낸이 이종근

펴낸곳 나라원 **출판등록** 1988년 4월 25일 제300-1988-64호
주소 서울 종로구 종로53길 27 나라원빌딩 (우. 03105)
전화 대표 02-744-8411 **팩스** 02-745-4399
홈페이지 www.narawon.co.kr
이메일 narawon@narawon.co.kr

ISBN 978-89-7034-281-8 (03320)

*잘못된 책은 구입처에서 바꿔드립니다.
*책값은 뒤 표지에 있습니다.